# A EDUCAÇÃO NO BRASIL E O PRINCÍPIO DA DIGNIDADE DA PESSOA HUMANA

Dados Internacionais de Catalogação na Publicação (CIP)
(Câmara Brasileira do Livro, SP, Brasil)

---

Sapio, Gabriele
  A educação no Brasil e o princípio da dignidade da pessoa humana / Gabriele Sapio. -- São Paulo : Ícone, 2010. -- (Coleção conhecimento e vida / coordenação Diamantino Fernandes Trindade)

  Bibliografia.
  ISBN 978-85-274-1068-7

  1. Direito à educação - Brasil 2. Direitos fundamentais 3. Dignidade humana 4. Educação - Brasil I. Trindade, Diamantino Fernandes. II. Título. III. Série.

09-10192                                    CDU-34:37.014.1(81)

---

Índices para catálogo sistemático:

1. Brasil : Direito à educação e dignidade
   humana    34:37.014.1(81)

*Gabriele Sapio*

# A EDUCAÇÃO NO BRASIL E O PRINCÍPIO DA DIGNIDADE DA PESSOA HUMANA

Coleção Conhecimento e Vida

*Coordenação*
*Diamantino Fernandes Trindade*

© Copyright 2010
Ícone Editora Ltda.

**Projeto Gráfico de Capa e Diagramação**
Richard Veiga

**Revisão**
Rosa Maria Cury Cardoso

Proibida a reprodução total ou parcial desta obra, de qualquer forma ou meio eletrônico, mecânico, inclusive através de processos xerográficos, sem permissão expressa do editor (Lei nº 9.610/98).

Todos os direitos reservados pela
**ÍCONE EDITORA LTDA.**
Rua Anhanguera, 56 – Barra Funda
CEP 01135-000 – São Paulo – SP
Tel./Fax.: (11) 3392-7771
www.iconeeditora.com.br
e-mail: iconevendas@iconeeditora.com.br

# ÍNDICE

**PREFÁCIO**, 7

**INTRODUÇÃO**, 11

**PARTE I**, 17
 **1 A EDUCAÇÃO NO BRASIL**, 17
　　1.1 ANTECEDENTES HISTÓRICOS: DA COLÔNIA À REPÚBLICA, 17
　　1.2 EDUCAÇÃO NAS CONSTITUIÇÕES BRASILEIRAS, 56
　　1.3 CONTRIBUIÇÃO DE PAULO FREIRE PARA A CONSTRUÇÃO DO CONCEITO DE EDUCAÇÃO NO BRASIL, 105
　　1.4 A EDUCAÇÃO NA ATUAL CONJUNTURA SÓCIO-POLÍTICO-ECONÔMICA DO BRASIL, 119

**PARTE II**, 135
 **2 DIREITOS E GARANTIAS FUNDAMENTAIS**, 135
　　2.1 EVOLUÇÃO HISTÓRICA DO CONCEITO DE DIREITOS FUNDAMENTAIS, 135

2.2 OS DIREITOS FUNDAMENTAIS NA VISÃO CONSTITUCIONAL BRASILEIRA, 161
2.3 DIREITOS FUNDAMENTAIS EXPLÍCITOS E IMPLÍCITOS, 178
2.4 O PRINCÍPIO DA DIGNIDADE DA PESSOA HUMANA, 194

**PARTE III, 209**
**3 O DIREITO À EDUCAÇÃO COMO DIREITO FUNDAMENTAL: UMA POSSIBILIDADE CONSTITUCIONAL, 209**

**CONCLUSÃO, 249**

**REFERÊNCIAS BIBLIOGRÁFICAS, 257**

# PREFÁCIO

O assunto é interessante, e mais se torna pela abordagem feita pelo autor, o professor Gabriele Sapio, que, ao mesmo tempo produziu um alentado levantamento histórico e uma crítica fundamentada sobre o sistema educacional em sua estrutura e em sua aplicação prática, comparado aos parâmetros contidos no ordenamento jurídico brasileiro.

Esta obra leva o leitor a refletir sobre a discrepância que sempre tem ocorrido entre o enunciado e o assegurado aos brasileiros, em nosso ordenamento jurídico, e, no que diz respeito aos direitos fundamentais – aqueles indispensáveis a uma convivência social equilibrada e ensejadora de crescimento pessoal e comunitário – e a necessidade de que os direitos saiam da letra da lei para a realidade cotidiana, para que deixemos de ser cidadãos de papel e desfrutemos efetivamente da cidadania.

O direito à educação é indispensável para que os brasileiros possam aspirar a condições de vida compatíveis com a sua condição humana, seja na conscientização de sua posição na sociedade, na possibilidade de uma visão de mundo mais ampla e mais atrativa porque favorecidos pelo conhecimento do que podem exigir de si e dos outros, na convivência social, e enriquecidos por habilidades habilitantes ao exercício do trabalho remunerado.

A educação é a maneira eficiente de incluir as pessoas na vida social. É o instrumento de aquisição de cidadania. É o mais eficiente modo de conseguir efetiva libertação de jugo político e/ou econômico. A educação é o processo humanizador, no sentido de que dá ao indivíduo meios para que ele tome consciência de seu próprio valor, de seu lugar no mundo, de suas potencialidades.

O estudo está dividido em três partes, distintas porém interligadas substancialmente: a educação no Brasil, direitos e garantias individuais, e o direito à educação como direito fundamental – uma possibilidade constitucional.

Quando examina o processo educacional, ao longo da história da sociedade e do Estado Brasileiro, percorrendo da fase colonial até os dias atuais, o autor demonstra uma base sólida de bibliografia especializada, ao tempo que sabe aproveitar os dados colhidos para, de modo próprio, produzir um conciso retrato de como era concebida e realizada a atividade da educação pelos dirigentes das diversas fases e regimes políticos. A evolução é abordada, seja mediante a positivação constitucional, seja na apreciação de personagens influenciadores de mudanças na concepção da educação em seus métodos e em seus objetivos.

Nessa primeira parte, o estudo é finalizado pela abordagem da atual conjuntura do nosso País e o papel da educação na sociedade nos planos político e econômico e na compreensão de valores morais, além da aprendizagem de conhecimentos e de habilidades necessárias à inserção no processo produtivo embasado na tecnologia.

Na segunda parte, o autor maneja os instrumentais jurídicos no trato dos direitos fundamentais, desde os seus primeiros delineamentos normativos, até sua inserção nas Constituições dos diversos países. A ênfase, naturalmente, foi o direito brasileiro, com necessária abordagem de direito comparado. Apesar de não ser mais extensa, é bem mais densa do que a parte anterior, e traz importantes observações sobre os avanços e recuos dos direitos fundamentais no Brasil, observados os textos constitucionais como a estrutura normativa possibilitadora de concretizar esses direitos.

A terceira parte é o cerne do estudo. Faz a junção entre as duas primeiras abordagens, centrando-se na educação como direito fundamental embasado no princípio da dignidade da pessoa humana, propiciando ao indivíduo o pleno exercício da cidadania e adquirindo o mesmo caráter de universalidade e de urgência de outros direitos como alimentação, saúde, segurança, transporte.

Realmente, o direito subjetivo público de todo brasileiro à educação está intimamente ligado ao seu direito a participar efetivamente da vida social, política e econômica, enfim, de viver com dignidade a sua condição humana.

Pela extensão e qualidade das fontes pesquisadas, pela atraente e instigante temática, o autor oferece à comunidade acadêmica e aos cidadãos em geral – vez que escreve em linguagem clara e acessível a todos – uma obra interessante e rica em informações, afirmações e críticas sobre o direito à educação.

Teresina(PI), fevereiro de 2008

Profª MSc Fides Angélica de C.V.M. Ommati

# INTRODUÇÃO

Já está bastante divulgado que a educação se constitui em um instrumento fundamental, básico e cada vez mais relevante e determinante para a formação da conscientização cidadã bem como para o despertar do espírito cívico e coletivo das sociedades humanas. É o fato último, que por sua vez, torna o indivíduo plenamente consciente de seu papel bem como de seus direitos junto à sociedade civil organizada da nossa época. A substância desse argumento se constitui em mais uma prova evidente de que a educação se acha gradualmente mais imbuída de um papel esclarecedor e conscientizador do ser humano junto à sociedade pós-moderna avançada do novo século recentemente iniciado.

Tendo-se em vista esse contexto específico que caracteriza o cenário mundial desses primeiros anos do século XXI, nos afigura como sendo óbvio o fato de que o direito à educação não se constitui apenas em um direito social de crucial relevância relativamente à tomada de consciência cívica e cidadã de todos os membros de qualquer nação do planeta. Esse direito à educação se constitui também no fato de que as suas concretas consagração e observância se revelam como sendo essenciais para que se possa obter efetivamente a justiça social e o desenvolvimento material condizentes com a convivência minimamente digna dos seres humanos.

Portanto, a educação se constitui inegavelmente em um requisito essencial para que se possa atingir a plena cidadania cívica, política, econômica e social na atualidade. E é justamente em razão disso que desenvolvemos este estudo que consiste essencialmente em justificar teoricamente que a educação é um direito fundamental consagrado e contemplado em todas as constituições características dos Estados democráticos de direito modernos, os quais devem necessariamente contemplar no bojo textual de suas cartas constitucionais o direito à educação.

Por conseguinte, trataremos aqui do direito à educação como um direito fundamental no âmbito nacional e orientaremos este estudo consubstanciado no intento de evidenciar a sua relevância assim como o seu valor como princípio básico da dignidade da pessoa humana, sem o qual não pode haver uma cidadania plena no Brasil contemporâneo. É fundamental esclarecer objetivamente as notáveis abrangência, importância e necessidade do direito à educação nos mais diversos planos da vida nacional, além de oportunamente ressaltar a sua relevância como direito fundamental expressa e amplamente consagrado pela Constituição brasileira de 1988, a qual possui um capítulo inteiro que trata especificamente de matéria educacional em 10 artigos, cujo fim último é o de explicar a sua relevância como direito social.

Outro propósito deste trabalho de igual relevância é o de enfatizar a necessidade crescente de ampliar bem como de estender ao máximo possível os benefícios advindos do gozo e do exercício plenos do direito social à educação, aos mais diversos segmentos da população brasileira, num muito breve espaço de tempo. Ação que tem como fim último, promover a sensibilização pública e coletiva acerca desse crucial direito social e, dessa forma, concorrer para que todas as camadas da sociedade brasileira possam exercer plenamente, sua cidadania cívica e social.

É urgente e politicamente importante e sério a necessidade de ampliar o acesso ao direito social à educação às mais diversas camadas da população brasileira. Esta demanda de ampliação de acesso ao direito social à educação, pode ser facilmente constatada pelo fato abundante e claramente demonstrado pelos mais diversos organismos e entidades internacionais que acompanham a evolução dos países e sociedades contemporâneas que atingiram um elevado grau de desenvolvimento econômico, social, cívico e político, somente alcançaram um padrão de desenvolvimento tão alto mediante a extensão e a ampliação do direito à educação bem como das oportunidades educacionais a todos os segmentos de suas respectivas populações. O estudo relativo ao grau de desenvolvimento dos países historicamente demonstrado, é uma verdade consagrada por todos os doutrinadores e especialistas sérios em matéria econômica, social e educacional. Esses doutrinadores e especialistas, neste estudo, revelam a eficácia da educação como instrumento fundamental para que se possa proceder efetivamente à superação dos mais diversos obstáculos e problemáticas de ordem econômica e social tais como contrastes e desigualdades sociais e econômicas que impedem o desenvolvimento econômico e a justiça social e com isso a concretização do exercício da cidadania plena em qualquer sociedade ou país contemporâneos.

Apresentaremos enfim, como objeto de pesquisa, "A educação como um direito fundamental e o princípio da dignidade da pessoa humana".

Ressalta-se que, considerando as pretensões de estudo e a natureza exploratória da pesquisa em questão, utilizamos tão-somente a pesquisa ou estudo bibliográfico, o estudo de documentos e das legislações que se fizeram necessárias. No decorrer dos estudos recorremos ao auxílio teórico à literatura pertinente para embasar o trabalho em realização como forma de garantir cientificidade ao estudo. Adotamos doutrinas educacional e jurídica especializadas que abordam a temática central da análise em questão para a adequada compreensão do direito à educação como direito fundamental a ser necessariamente contemplado pela ordem jurídica brasileira atual.

Tratar da educação como direito social fundamental embasado no princípio da dignidade da pessoa humana é de vital relevância para a sociedade global moderna ao objetivamente concentrarmos as nossas atenções e intenções de pesquisa no sentido de buscar justificativas, críticas, discussões e interpretações a respeito da realidade brasileira quanto ao direito do povo brasileiro à educação e às oportunidades educacionais dele decorrentes. O estudo tem o propósito de construir argumentos teóricos como possibilidade de enriquecimento das discussões sobre o objeto de pesquisa.

O momento histórico está a solicitar empenho no sentido de chamar atenção dos profissionais do direito, dos profissionais da educação escolar e da população em geral no sentido de se tornarem agentes ativos, atuantes e participativos da luta para que se faça cumprir a orientação jurídica do pleno e irrestrito gozo do exercício do direito social à educação a todos os cidadãos brasileiros, finalidade última essa logicamente decorrente de nosso objetivo central.

Os brasileiros clamam por democratização de oportunidades de acesso à educação escolar, pela efetivação do direito social à educação como condição de formação de cidadania. O povo brasileiro pede garantias constitucionais e extraconstitucionais para que a educação escolar e os resultados de seu trabalho não continuem a representar um privilégio apenas de alguns, mas que todos tenham o direito a se beneficiar do trabalho escolar.

O estudo realizado e as discussões feitas estão apresentados em 3 capítulos, nos quais tratamos: a) das ideias, concepções e relações discutidas em nível teórico sobre a questão em estudo, como fundamento da leitura que se fez sobre a realidade estudada, sintetizando conceitos básicos de sustentação do estudo, classificações, características e ideias neles desenvolvidas; b) dos argumentos que se construiu no exame do objeto de estudo, que aqui se fez questão de pesquisa, argumentos estes fortalecido com o auxílio do conhecimento teórico construído na área; c) das explicações efetuadas sobre a leitura feita sobre a realidade estudada, cujas explicações ilustramos com o auxílio da literatura pertinente.

Na Parte I do trabalho tentamos enfatizar a evolução histórica da educação no Brasil, desde o seu surgimento no período colonial até o seu desenvolvimento efetivo rumo a construção de uma educação brasileira para os brasileiros, bem como sobre a evolução da instrumentalização positiva e das garantias constitucionais relativas à efetiva proteção ao direito social à educação nas Constituições brasileiras.

Na Parte II discorremos sobre a evolução histórica dos Direitos Fundamentais, que neste trabalho se constitui na matéria constitucional de interesse central do presente estudo.

E, finalmente, na Parte III – última parte de conteúdo discursivo deste documento – tratamos do direito à educação como Direito Fundamental: uma possibilidade constitucional, conteúdo relevante e de grande significação para a compreensão e tratamento adequados do concreto aqui estudado.

# PARTE I

# 1 A EDUCAÇÃO NO BRASIL

## 1.1 ANTECEDENTES HISTÓRICOS: DA COLÔNIA À REPÚBLICA

A história brasileira assim como a de todo país do continente americano caracteriza-se por não contabilizar eventos que ultrapassem a faixa de tempo máxima de quinhentos anos em seus registros oficiais, e, portanto, se constitui em uma sucessão cronológica de eventos relativamente recentes se comparada a de países europeus e asiáticos do velho mundo. Realidade histórica essa que se reflete em todos os planos e âmbitos da construção dos alicerces da sociedade brasileira, dentre esses a educação, que se destaca como meio de desenvolvimento material e moral de qualquer nação das eras contemporânea e pós-moderna e objeto da presente proposição de estudo.

No que diz respeito à educação no Brasil a sua origem e desenvolvimento históricos se afiguram em uma análise de fatos e de acontecimentos que se verificaram em fases da história universal próximas da atualidade e, portanto, próprias de uma sociedade jovem e praticamente destituída de história como é a brasileira. Nesse contexto histórico, a educação brasileira surgiu e desenvolveu-se num curto espaço de tempo relativamente à países de tradição e cultura milenares como a França, a Grécia, a Itália e Portugal, para adquirir as feições e características que a tipificam na atualidade de tal forma a identificar e determinar o fato de que a educação se constitui em um fenômeno recente ao se analisar a sucessão cronológica de eventos que contribuíram para a construção do Brasil como país e como sociedade.

A educação brasileira teve seu processo de gestação e de formação inicial simultânea à da colonização portuguesa nas primeiras décadas do século XVI com a chegada das expedições iniciais permanentes de estabelecimento dos primeiros colonos de Portugal, as quais eram, da mesma forma, integradas pelos jesuítas, com as incumbências daqueles de evangelizar os indígenas bem como de prover a educação dos filhos dos primeiros colonos e imigrantes europeus que aqui se estabeleceram naquela época. Esses pioneiros e tímidos passos da educação brasileira têm sua confirmação consolidada com base na literatura nacional que versa sobre essa matéria. Basicamente todas as fontes historiográficas registram a mesma sequência de eventos, cujo recurso é necessário para uma adequada reconstrução dos fatos que contribuíram para o lento processo de gênese da educação brasileira até a organização sistêmica do ensino da atualidade.

Tais fatos podem ser constatados quando se analisa o percurso da proto-história da educação nacional, cujo começo oficial é cronologicamente identificado quando:

> [...] *o primeiro grupo de jesuítas chegou ao Brasil em 1549, juntamente com o primeiro governador-geral, Tomé de Sousa. Chefiados pelo padre Manuel da Nóbrega, os jesuítas que aqui iniciaram suas atividades pro-*

*curavam alcançar seu objetivo missionário, ao mesmo tempo em que se integravam à política colonizadora do rei de Portugal.*[1]

A vinda dos jesuítas para o Brasil na missão colonizadora de 1549 se constituiu, portanto, no princípio mais recuado no tempo e, por conseguinte, no momento inicial da educação brasileira pelo simples fato de que a Companhia de Jesus e seus missionários tinham como objetivos fundamentais tanto o de converter os aborígenes das terras americanas como o de educar, de forma simultânea ao trabalho missionário que desempenhavam. De fato, os jesuítas que vieram nos primórdios da colonização do Brasil efetuaram uma obra civilizadora já que ao mesmo tempo em que visavam à conversão dos indígenas ao catolicismo, ensinavam os rudimentos da alfabetização e da gramática latina aos filhos dos primeiros colonos e imigrantes europeus que se estabeleceram nos momentos iniciais da história nacional.[2]

Por outro lado, a história do ensino no Brasil, que teve seu princípio com a vinda dos jesuítas em 1549, em razão de seu breve desenvolvimento cronológico, pode ser dividida em três períodos históricos subsequentes: o da Colônia; o do Império; o da República. Esses períodos refletem a evolução político-institucional e jurídica do Brasil desde o seu descobrimento em 1500. A educação como parte do processo histórico de formação e de definição do caráter e da identidade da sociedade brasileira também integra esse processo histórico maior e, assim sendo, segue as fases da evolução histórica brasileira, caracterizando cada uma com os avanços e melhorias graduais na construção de um sistema de ensino no Brasil, até a sua definitiva delineação nos dias atuais.

---

[1] PILETTI, Nelson. *História da educação no Brasil*. São Paulo: Ática, 2003, p. 33.
[2] PILETTI, op cit..

De fato, a educação brasileira atravessou esses ciclos históricos, sendo que, relativamente a cada um dos períodos históricos nacionais supracitados estão relacionados os progressos na estratégica área da educação e, no que diz respeito ao período colonial, faz-se necessário que concentremos os nossos esforços analíticos, tendo-se em vista a sua importância para que se possa compreender efetivamente o seu desenvolvimento nas etapas posteriores e sua realidade atual no país. Considerando-se o que observamos até agora, relativamente ao período colonial devemos, em razão de sua relevância para a formação da filosofia e do caráter da educação nacional, ressaltar que:

> *O ensino das classes cultas, relativo aos conhecimentos básicos, era ministrado nas casas-grandes, depois completado no estrangeiro, sendo quase toda a educação nacional controlada pelos jesuítas até a sua expulsão pelo Marquês de Pombal.*[3]

Diante disso, pode-se afirmar que a educação no período colonial foi efetuada integralmente pelos jesuítas, os quais introduziram um sistema de ensino caracterizado pela competência didática, pela difusão da cultura e dos conhecimentos básicos de matemática, português e latim, vindo a empreenderem uma notável ação educacional, tendo-se em vista a eficácia e o nível de seu valor pedagógico, de tal forma a influenciarem positivamente por mais de dois séculos, entre 1549 e 1759, na formação das primeiras gerações de brasileiros e na construção gradual da atual realidade educacional nacional. Esse período relativo ao predomínio dos jesuítas, bem como de sua metodologia e

---

[3] FERREIRA, Tito Lívio. *História da educação luso-brasileira*. São Paulo: Saraiva, 1995, p. 67.

filosofia educacionais, perdurou no Brasil-Colônia até 1759, até a expulsão da Companhia de Jesus de Portugal e de suas colônias em virtude das políticas reformistas de orientação iluminista do Marquês de Pombal, que introduziu o ideal do predomínio do Estado e da estatalidade da educação para atingir os objetivos nacionais. Esta política prejudicou o desenvolvimento, bem como o amadurecimento do sistema educacional brasileiro em sua evolução, provocando um retrocesso nesse campo, uma vez que a educação dos jesuítas era eficaz, além do fato destes terem sido os únicos dotados de capacidade para formular e garantir o funcionamento de um sistema de ensino no Brasil da época.

Devemos assinalar que, não obstante os jesuítas tenham fundado um grande número de escolas de ensino primário no Brasil, durante os primeiros duzentos anos do período colonial, ainda assim o objetivo principal dos religiosos da Companhia de Jesus foi sempre orientado ao aperfeiçoamento desse grau de ensino, no qual os mesmos criaram, sistematizaram e organizaram uma rede de colégios renomada pela sua qualidade e eficácia didática e metodológica. Essas instituições de ensino secundário criadas no país pelos religiosos, fruto das iniciativas e da historicamente comprovada competência educacional dos jesuítas, destacaram-se ao ponto de oferecerem em sua grade curricular disciplinas e modalidades de estudo próprias de instituições de ensino superior, numa adicional prova da capacidade dos mesmos de edificarem um eficaz sistema educacional para a sociedade brasileira, então em processo de formação.

Esse estado de coisas que se tornou realidade no âmbito da evolução histórica da educação brasileira, com a atitude do Marquês de Pombal, implicou em repercussões negativas junto ao sistema de ensino da época uma vez que, ao proibir a educação dos jesuítas, o representante do iluminismo português na corte de Lisboa conseguiu, na realidade, desorganizar e fragmentar a unidade didático-pedagógica e estrutural do ensino brasileiro que estava em curso de definição e de constituição sob a orientação dos jesuítas. De fato, sem os jesuítas que disponibilizavam um sistema de ensino de qualidade para a ainda incipiente sociedade brasileira, tornara-se de improviso o quadro educacional da época, afetado pela ausência de profissionais de ensino que possuíssem o mesmo grau de qualificação dos religiosos da Companhia de Jesus, expulsa de sua colônia americana pelo Marquês de Pombal, vindo a se constituir em um retrocesso na evolução da educação no Brasil, bem como em um entrave ao seu desenvolvimento como país e como sociedade.

Constatamos, portanto, que, como resultado dessa ação do governo colonial português de então, a educação brasileira sofrera um sério revés ao desorganizar e fragmentar o sistema de ensino que os jesuítas implantaram o que significou uma alteração nos fundamentos educacionais nacionais da época, de forma a ameaçar o futuro do país. Essa ameaça estava consubstanciada, dentre outros fatores e obstáculos que influíam negativamente no sistema educacional da época, sobretudo em razão de que:

> *Treze anos depois da expulsão dos jesuítas, justamente no ano de 1772, foi instituído o imposto do "subsídio literário", de 1 real sobre a carne e outros gêneros, com a finalidade de remunerar os professores públicos, que, aliás, recebiam seus vencimentos sempre com atraso.*[4]

Não se constitui em uma surpresa o fato de que o sistema educacional brasileiro tenha sido historicamente vítima de atrasos e recuos constantes, o que acabou por comprometer

---

[4] FERREIRA, op cit, p. 67.

significativamente a sua eficácia na atualidade com influxos perversos para a sociedade brasileira da época atual, tanto em termos quantitativos como qualitativos, o que é demonstrado pelas várias crises que o mesmo atravessa hoje em dia. Contudo, apesar de todos os erros, equívocos e empecilhos ocorridos durante a maior parte do período colonial, foram registrados avanços, como os que se materializaram com a vinda de D. João VI, rei de Portugal, em 1808, que escapava da invasão napoleônica e, para salvar a coroa portuguesa, fora obrigado a fugir para o Brasil escoltado pela Royal Home Fleet britânica, já que Portugal era aliado da Inglaterra na questão do Bloqueio Continental imposto por Napoleão Bonaparte para enfraquecê-la economicamente e, como o soberano português não aderira ao mesmo, teve o seu reino invadido pelas tropas francesas.

Efetivamente a vinda da corte portuguesa ao Brasil, representara para este país, um significativo avanço em todos os sentidos; setores e campos da atuação humana, e, no âmbito das ciências, da cultura e da educação não foi diferente. Houve, portanto, um aperfeiçoamento no desempenho econômico e cultural da colônia de Portugal, que os progressos registrados nos anos em que D. João VI permanecera no Brasil foram maiores do que os registrados nos três séculos anteriores de colonização. Esses avanços se fizeram sentir a partir da abertura dos portos às nações amigas de Portugal, com destaque à Inglaterra que, em pleno auge da 1ª Revolução Industrial obtivera um mercado consumidor para os seus produtos manufaturados, beneficiando também o então combalido sistema educacional brasileiro.

Esse conjunto de oportunidades que se produziram com a vinda da corte portuguesa ao Brasil nos primórdios do século XIX foi positivo, ainda que parcialmente, para o setor educacional do país, já que:

> *A vinda da Família Real e a Independência do Brasil produziram modificações na educação brasileira. Pode-se afirmar que o objetivo das reformas pombalinas, de criar a escola útil aos fins do Estado, passaria a ser concretizado, mas apenas no que diz respeito ao ensino superior.*[5]

Tendo-se em vista esse quadro advindo das transformações praticamente em todos os setores da vida nacional de então operadas com a vinda da corte portuguesa para o Brasil, constatamos que a partir desse momento surgira a necessidade de se formar e de se qualificar a futura elite dirigente do país que estava prestes a alcançar a independência política. Foi justamente em razão disso, que Dom João VI criou vários cursos superiores, tais como a Academia de Marinha (1808), a Academia Real Militar (1810), os cursos de Anatomia e Cirurgia (1808), o laboratório de Química (1812), o curso de Agricultura (1814) no Rio de Janeiro e o curso de Cirurgia (1808), a cadeira de Economia (1808), o curso de Agricultura (1812), o curso de Química (1817) e o curso de Desenho Técnico (1817) na Bahia. Digna de nota, nesse sentido, também foi a fundação, pelo príncipe regente, da primeira biblioteca pública brasileira em 1814, a qual foi dotada de sessenta mil volumes doados pelo mesmo, em mais uma iniciativa a favor da educação brasileira, na época, ainda incipiente.

Constatamos que houve durante o período de permanência de Dom João VI nos primórdios do século XIX no Brasil, avanços significativos no que tange à educação nacional, sobretudo, no âmbito da educação secundária e superior, favorecida por uma série de transformações de ordem econômica, social e cultural que impeliram a colônia americana de Portugal a efetuar reformas junto aos seus modelos e estruturas, nesses planos da

---

[5] Cf. PILETTI, 2003, p. 42.

vida nacional em especial. Esse período de progresso no plano educacional brasileiro pode ser identificado e demonstrado objetivamente ao ressaltar-se que:

> *Ação joanina na educação escolar acompanha a tendência geral apontada pela história da educação para os séculos XVIII e XIX, de perda pela Igreja da gestão da educação escolar para os funcionários do Estado, ao manter as seguintes características das reformas de 1759-1772: estatização, no sentido de concentrar o controle da educação escolar dos níveis secundário e superior nas mãos do Estado, e pragmatismo, no sentido de oferecer conhecimento científico utilitário, profissional, em instituições de ensino avulsas, isoladas, segundo o modelo ilustrado.*[6]

Não há, portanto, como negar o fato de que essas iniciativas decididas e efetuadas por Dom João VI contribuíram para modificar de modo positivo o quadro educacional do Brasil de então, de forma tal a acarretarem, juntamente com outras ações e políticas implementadas pelo soberano português e príncipe regente, em outros setores da vida nacional na aceleração do processo de independência do Brasil. Fato esse de ordem política e institucional que influíra, além da aceleração no processo de ruptura dos laços coloniais que ainda prendiam a colônia americana à metrópole portuguesa, também, na construção de um sistema de ensino brasileiro com o advento do Império, após a independência a 7 de setembro de 1822 e a coroação de Dom Pedro I como imperador do Brasil, em dezembro do mesmo ano.

---

[6] HILSDORF, Maria Lúcia S. *História da educação brasileira*: leituras. São Paulo: Pioneira Thomson Learning, 2003, p. 34.

Ao analisarmos esse contexto histórico, no qual acha-se inserida a educação brasileira de então, podemos constatar que o impulso que mais contribuiu para a criação de um sistema de ensino nacional somente se deu após a independência do Brasil com o surgimento, por iniciativa do governo imperial, de escolas primárias. Estas foram favorecidas pela constituição imperial de 1824, que estabelecia a gratuidade da instrução primária, conforme poderemos objetivamente constatar e assinalar no próximo capítulo.

Efetivamente, o segundo período de desenvolvimento na evolução da educação brasileira teve seus desdobramentos iniciais com o reinado de Dom Pedro I, ocasião histórica em que se inicia um debate sem precedentes, até então, no país acerca da necessidade da implantação da educação popular para minorar problemas e dificuldades educacionais que obstaculavam o desenvolvimento do país na época. Foi justamente por isto, que foram criadas várias escolas primárias em diversas províncias brasileiras. Para ilustrar a realidade educacional nos primórdios do período imperial, faz-se necessário que assinalemos o fato de que existiam em 1823, um número reduzido de escolas primárias no país, além do que a remuneração dos professores desse grau de ensino era baixa, já que a mesma raramente alcançava o valor de cem mil-réis por ano, de acordo com os padrões monetários e salariais da época.

Paralelamente à análise que efetuamos junto ao quadro educacional, abrangendo de uma forma geral a sua evolução histórica, temos que ressaltar o relevante fato de que foi somente a partir da primeira constituição brasileira, isto é, a Constituição Imperial de 1824, que a educação passou a ser considerada como um direito fundamental do cidadão e, portanto, passível de ser pleiteada como direito a partir de então. Este fato se revelou como sendo um significativo passo adiante no que diz respeito à forma de tratar a educação, ainda que a mesma não tenha implicado em um correspondente avanço na mentalidade das elites e das autoridades competentes de então, relativamente à educação, cujo quadro que estamos analisando se constitui em uma prova contundente do atraso histórico brasileiro em matéria educacional, mesmo se comparado a outras nações latino-americanas.

O quadro da educação, durante o Primeiro Reinado do período imperial no Brasil, caracterizou-se por apresentar números de ordem qualitativa e quantitativa que, na atualidade, seriam motivos de preocupação para qualquer autoridade ou instituição governamental realmente preocupada com o bem-estar e a qualidade de vida de seu povo, uma vez que a educação, em razão de sua relevância estratégica para o desenvolvimento de qualquer país que pretenda se tornar avançado, se constitui em um agente multiplicador de oportunidades e de fomento ao progresso social. No entanto, ainda no reinado de Dom Pedro I, deve-se assinalar que foram criadas as primeiras faculdades brasileiras, quais sejam, as faculdades de Ciências Jurídicas e Sociais em São Paulo e Olinda, com base no ato imperial de 11 de agosto de 1827. Este fato se constituiu num progresso da política educacional que havia sido pioneiramente posta em prática pelo príncipe regente Dom João VI, no sentido de dotar as elites dirigentes do país, recentemente liberto, de uma qualificação e formação intelectuais que as tornassem aptas ao exercício do poder. Além disso, no que diz respeito ao fomento do ensino primário no primeiro reinado, é digna de nota uma lei de 1827, a qual dispunha a respeito do fato de que deviam ser criadas escolas de nível primário bem como escolas de meninas em todas as cidades, vilas e locais mais populosos, o que se constituíra em um significativo avanço, ainda que o referido dispositivo legal nunca tenha sido cumprido.

Apesar da realidade educacional brasileira daquela época apresentar dificuldades e problemas à sua evolução, o seu aperfeiçoamento e melhoramento gradual foi favorecido com o advento do Segundo Reinado em 1840, com a maioridade de Dom Pedro II, que efetivamente assumira o trono a partir de então, cujo governo se caracterizara por ser eficaz ao beneficiar efetivamente o povo brasileiro em meio século de governo iluminado.

De fato, foi a partir da ascensão ao trono do Imperador Dom Pedro II que o Brasil continuou avançando na melhoria de seu sistema educativo. Desde 1851 o país se debatia acerca do ensino obrigatório e da fiscalização escolar, ainda que por meio de um decreto de caráter apenas formal e sem conteúdo real. Devemos assinalar que, durante o reinado de Dom Pedro II, foram criados no Brasil a primeira Escola Normal em Niterói em 1835, bem como o primeiro ginásio, qual seja, o Colégio Pedro II, em 1837, na capital do país e, além disso, fora instituída também a Escola Normal do Rio de Janeiro em 1880.

O reinado de Dom Pedro II foi, portanto, benéfico para a educação brasileira, não somente do ponto de vista essencialmente quantitativo, mas qualitativo e humano, uma vez que o monarca criou, de fato, o embrião e as condições básicas, ou seja, as fundamentais para a implementação de um efetivo e hierarquizado sistema educacional, tal como se verificara no período republicano subsequente. Efetivamente, se somente atentarmos para o ensino primário poderemos constatar que o mesmo fora, em 1854, dividido em elementar e superior, sendo que enquanto no elementar eram ensinados matérias básicas, como instrução moral e religiosa, leitura e escrita, noções essenciais de gramática, princípios elementares de aritmética, além do sistema de pesos e medidas, já no grau superior eram ensinadas dez disciplinas desdobradas do ensino elementar.

Por outro lado, relativamente ao ensino primário cuja competência ficava a cargo das províncias imperiais durante o Primeiro Reinado, devemos ao mesmo tempo, assinalar que aquele nível de ensino apresentava diversos problemas e limitações que impediam a sua eficácia ideal, uma vez que o referido ensino era pouco difundido em razão de motivos, tais como: a escassez de recursos, a proibição de os escravos frequentarem a escola, além do fato de o curso primário não ser exigido para o ingresso no ensino secundário.

Com base na análise do quadro educacional do período imperial podemos constatar que, no que diz respeito à educação, a preocupação preponderante do governo de então estava concentrada na formação da elite dirigente do Brasil, o que o impeliu a canalizar todos os seus esforços e atenções ao ensino secundário e superior em detrimento do ensino primário.

Faz-se necessário da mesma forma reconhecer, no entanto, que foi no período imperial que, pela primeira vez na história do Brasil, foram enfrentadas, de forma séria, as questões e problemáticas relacionadas à educação, em razão do fato de que foram efetuados durante o reinado do Imperador Dom Pedro II, especialmente na fase final do império. Naquele contexto histórico em especial, isto é, por volta de 1880, em que a unidade nacional do ponto de vista militar estava consolidada e a abolição da escravatura mais próxima, é que se podia já pensar na educação brasileira com mais serenidade.

De fato, este aumento de interesse e de preocupação com relação à educação brasileira no fim do período imperial teve seus principais pontos de discussão centrados na necessidade de criação da primeira universidade nacional, cujo tema conexo a essa questão fora analisado pelo Professor Roque Spencer Maciel de Barros, em sua obra *A ilustração brasileira e a ideia de universidade*,[7] numa abordagem até então pioneira a esse respeito. Outra prova do renovado interesse do governo imperial pela educação brasileira, não obstante estivesse próximo do fim, foi a convocação no Rio de Janeiro, então capital do país, do Primeiro Congresso Nacional de Educação no ano de 1883, que não chegara a realizar-se, apesar da convocação de educadores e de outras autoridades e de órgãos que acompanhavam os problemas educacionais, vindas de todas as partes do Brasil da época.

Igualmente revelador do renovado espírito com que foi tratada a questão educacional no Brasil no fim do Império foi a ocorrência de dois outros eventos que pela sua relevância se constituíram em mais outras provas do interesse crescente em relação à essa crucial questão para o desenvolvimento nacional. Eventos que foram consubstanciados pela apresentação de dois projetos de reforma das leis do ensino, nos anos de 1882 e 1883, e outro relativo ao último discurso proferido pelo Imperador Dom Pedro II em sua última Fala do Trono, proferida a 3 de maio de 1889, apenas alguns meses antes da proclamação da república, na qual enfocou de forma realista e objetiva a questão educacional brasileira.

Relativamente ao último discurso proferido por sua Majestade, o Imperador do Brasil, a 3 de maio de 1889, em sua última Fala do Trono, antes do advento da República, destacamos que este soube abordar a questão educacional brasileira com realismo e objetividade, uma vez que tratou-se de propostas sérias e sem precedentes, em matéria educacional, encaminhadas, na ocasião, a todo o governo brasileiro da época. Estas intenções, que estiveram embutidas em suas palavras, puderam ser resumidas nos seguintes pontos, os quais revelar-se-iam de crucial

---

[7] BARROS, Roque Spencer Maciel de. *A ilustração brasileira e a ideia de universidade*. São Paulo: Convívio/EDUSP, 1986.

relevância para o Brasil no período republicano subsequente: a criação de um Ministério da educação; a criação de uma rede de escolas técnicas em todo o território nacional; a criação de duas universidades, uma ao sul e outra ao norte do império; a criação de outras faculdades isoladas nas demais províncias, que além da qualificação para o exercício de profissões liberais, visassem também ao cultivo das ciências e das letras, ficando as mesmas, vinculadas às duas universidades a serem criadas; o Imperador ainda preocupara-se com a necessidade de alicerçar o sistema de ensino superior sobre a instrução primária e secundária.

Tratava-se, portanto, de propostas que se fossem discutidas mais ampla, profunda e efetivamente implementadas no Brasil, teriam contribuído de forma mais eficaz e significativamente na resolução concreta das problemáticas então relacionadas à questão educacional do país. Além disso, já era tarde e as transformações que estavam em curso, em breve, conduziriam à proclamação da República, que se deu a 15 de novembro de 1889, seis meses após o famoso discurso do Imperador Dom Pedro II relativamente à esta questão. Não obstante isso, os problemas perduraram. De fato, o Império legou, dentre outras problemáticas, à nascente instituição republicana um grande contingente de analfabetos, bem como, a ausência de um sistema de ensino eficaz que atendesse às necessidades do povo brasileiro tal como iremos constatar logo a seguir.

Esse conjunto de problemáticas, da mais variada ordem, que obstavam a formulação de soluções adequadas à questão educacional no Brasil persistiram, destarte, com a passagem do país do período imperial ao republicano, o que pode ser confirmado pelo episódio da criação pelo novo governo republicano, presidido pelo Marechal Deodoro da Fonseca, que logo após a proclamação da República criara o Ministério da Educação apenas com o intuito de impedir que Benjamin Constant se tornasse Ministro da Guerra. Este ministério, apesar de sua importância para o país, durara apenas dois anos. Além disso, devemos ressaltar a falta de visão mais ampla do governo, pela qual fora criado o supracitado órgão governamental, o que pode ser constatado já a partir da designação do seu nome ao ser equivocadamente intitulado de Ministério da Educação, Correios e Telégrafos, e assim que fora extinto, apenas dois anos após a sua criação, o mesmo fora absorvido pelo Ministério da Justiça, que viria a desempenhar as suas funções.

No entanto, com o advento da República no Brasil, foram concentradas maiores atenção e preocupação acerca da questão educacional por parte das autoridades governamentais e institucionais brasileiras, em razão de que a Constituição Republicana de 1891 tratou mais longamente acerca da mesma, como consequência de um idealismo republicano caracterizado, ao menos em tese, por ideais progressistas e de cunho social. De fato, os ideais republicanos caracterizaram-se pelo fato de visarem a construção de um novo Brasil que adquirisse as feições de uma federação democrática que favorecesse a convivência social de todos os brasileiros, bem como, estimulasse o progresso econômico e a efetiva independência cultural nacional.

Esse quadro resultante da implantação dos princípios de clara inspiração republicana e positivista, que se estabelecera no Brasil a partir de 1889 e perdurara até a Revolução de 1930, caracterizado pelo descaso persistente no que tange a educação nacional durante a Primeira República, teve como condicionante uma série de crise que abalaram o cenário nacional em todos os seus setores que o compunham. Essa grave realidade circunstancial teve como precedente a preocupante situação legada pelo período imperial à educação brasileira em razão de que,

> *[...] a herança do Império, em matéria educacional, foi bastante precária: algumas escolas isoladas de ensino secundário e superior, umas poucas escolas de ensino primário e nada mais. Ao iniciar-se a República, não tínhamos um sistema nacional articulado de educação pública.*[8]

Por conseguinte, no decorrer do primeiro período republicano não houve avanços significativos na delineação e construção objetivas de um modelo educacional nacional que viesse, de fato, ao encontro das expectativas nacionais e das camadas populares carentes do povo brasileiro daquele período histórico. Esta realidade educacional que marcou a Primeira República caracterizou-se pelo questionamento do modelo educacional herdado do Império, o qual concentrava as suas atenções e atribuía maior importância à formação das elites dirigentes, ou seja, aos graus de ensino secundário e superior, em detrimento da educação popular, isto é, dos ensinos primário e profissional. Durante a Primeira República verificou-se uma grande crise na educação elitista tradicionalmente predominante no Brasil, desde a vinda de Dom João VI ao Brasil mais de um século antes, de forma especial, nos anos 20, do século XX, época em que se agonizara a crise em outros setores da vida nacional, ou seja, nos planos: político, econômico, social e cultural. Esse contexto histórico último, junto a outros fatores desaguou na Revolução de 1930, que irá, por sua vez, desencadear modificações na estrutura da sociedade brasileira do período revertendo-se beneficamente para o progresso do processo de moldagem de um modelo educacional brasileiro.

Antes da revolução de 1930, no entanto, verificara-se na década de 20 um surto de otimismo pedagógico em todo o Brasil,

---

[8] Cf. PILETTI, 2003, p. 55.

representado pelas reformas pedagógicas efetuadas em vários estados brasileiros, sobretudo em São Paulo, por Sampaio Dória (1920), no Ceará, por Lourenço Filho (1922), em Minas Gerais, por Francisco Campos (1927) e as implementadas na Bahia, por Anísio Teixeira (1928).

Esse movimento de renovação educacional representado pelas reformas pedagógicas nos estados supracitados, o qual fora resultado de uma série de fatores e de concausas, consubstanciadas no clima de euforia que contagiou o Brasil logo após a Primeira Guerra Mundial, além do começo do surto de industrialização que exigia uma reformulação do sistema de ensino até então vigente, bem como a introdução no Brasil das ideias da corrente pedagógica denominada Escola Nova, inspiradora daquela geração de reformadores da educação nacional. Ainda que as doutrinas educacionais formuladas pela Escola Nova estivessem há séculos, evoluindo na Europa, somente começariam a influir na forma de pensar e de agir dos educadores e dos intelectuais da sociedade brasileira a partir do fim da Primeira República, principalmente, mediante o esforço e o interesse de estudiosos como Fernando de Azevedo, Anísio Teixeira e Lourenço Filho, autores das reformas pedagógicas estaduais efetuadas nos anos 20 no país.

O verdadeiro avanço e passo à frente no âmbito educacional brasileiro somente verificar-se-ia após a revolução de 1930, ocasião em que fora instituído o Ministério da Educação e Saúde, ao qual foram atribuídos os serviços educacionais, bem como a sanção dos Decretos de 11 de abril de 1931, em que o governo provisório estabeleceu a reorganização do ensino secundário e a criação das primeiras universidades brasileiras, de forma sem precedentes na história nacional. Foi, portanto, a partir do movimento revolucionário de 1930 que o modelo educacional brasileiro foi construído e começou a tomar as características e feições atuais, o qual fundamentou-se durante o seu processo de delineação e de definição em determinados princípios básicos que foram, por sua vez, objeto de debates e de discussões no decorrer da Primeira República. Esses princípios básicos foram, da mesma forma, contemplados nas constituições posteriores, sobretudo na de 1934, os quais constituíram-se no reconhecimento da educação como um direito social de primeira relevância e, por conseguinte, em um direito fundamental de todos os cidadãos, de acordo com as várias disposições constitucionais que integraram as Cartas Magnas de 1934 a 1988, acarretando em um singular e significativo avanço civilizatório na sociedade brasileira da época.

Efetivamente, foi a partir do período em que passou a viger no Brasil a denominada Constituição dos Direitos Sociais de 1934, que se registraram no país, os maiores avanços e conquistas na área educacional, uma vez que a referida Constituição Federal contemplou e assegurou pela primeira vez na história nacional, o direito à educação como sendo um direito gratuito e obrigatório de todos os cidadãos brasileiros, o que, por sua vez, favoreceu as condições básicas para a criação de modelo educacional para o país. Deste modo, a Carta de 1934 se constituiu em um verdadeiro divisor de águas no que tange ao processo evolutivo do reconhecimento da educação como um direito fundamental de todos os cidadãos brasileiros, tal como poderemos constatar no subitem – A EDUCAÇÃO NAS CONSTITUIÇÕES BRASILEIRAS –, já que ao respaldá-lo constitucionalmente proporcionou um avanço da educação brasileira na acepção de sistema e de conjunto como nunca se verificara até aquela época.

Essa realidade histórica pode ser confirmada e objetivamente identificada, compreendida e demonstrada, no campo educacional brasileiro, ao ressaltar-se que foi

> *[...] a partir da sua performance na V Conferência Nacional de Educação, realizada em Niterói, em 1932, e em oposição aos católicos, o grupo teria oferecido `seguros pontos de apoio` aos membros da Assembleia Nacional Constituinte de 1933, de modo a transformar a constituição por ela aprovada em 1934, na primeira Carta Magna do país a tratar, em títulos e capítulos específicos, de temas sociais, como: a família, a cultura e a educação, enfocados 'na órbita de influência dos iniciadores do movimento de reformas da educação brasileira'.*[9]

Não há como negar que os dispositivos que integravam a Constituição de 1934, pelos motivos expostos nos parágrafos anteriores, tenham se constituído em uma renovação sem precedentes na concepção da educação como um direito fundamental, bem como no redimensionamento do sistema educacional brasileiro a ela correspondente. Podemos, sem dúvidas, afirmar que a Constituição de 1934, ao implantar o Estado Social no Brasil se constituiu num marco histórico da educação brasileira no sentido que proporcionou para a mesma, avanços como nunca houveram sido registrados até então, o que pode ser constatado no caráter progressista de seus dispositivos, inspirados em boa parte pelo comprometimento social fundamentado nos ideais socialistas da Constituição Alemã de Weimar de 1919 e na Espanhola de 1931.

De fato, a Constituição de 1934 significou um notável passo à frente para a educação brasileira em sua consagração como direito fundamental e também no aperfeiçoamento de seu correspondente sistema de ensino, o que podemos facilmente constatar ao identificarmos na mesma dispositivos assegurando e garantindo a obrigatoriedade e a gratuidade da

---

[9] Cf. HILSDORF, 2003, p. 97.

instrução primária, bem como ao determinar expressamente que a educação se afigurava em um direito de todos. Além disso, podemos igualmente identificar e assinalar que consta de seu texto a iniciativa igualmente salutar para a educação brasileira como um todo, de se criar sistemas de ensino em níveis federal, estadual e municipal, bem como instituiu os Conselhos de Educação, cujas atribuições e competências em matéria educacional lhes foram conferidas de forma oportuna, pela Carta Magna de 1934, dispondo esta ainda sobre a futura criação de uma Lei de Diretrizes da Educação Nacional, precursora das LDBs passadas e presente. Todo esse conjunto de medidas adotadas pela Constituição de 1934 veio, de certa forma, a revolucionar a educação brasileira da época, tendo-se em vista o fato de que a mesma nunca fora como naquela ocasião, na história brasileira em especial, objeto de tanta atenção e interesse por parte das autoridades governamentais e órgãos institucionais competentes em matéria educacional, em âmbito nacional.

Com a Constituição de 1934, tal como podemos constatar no parágrafo anterior, possibilitou pela primeira vez na história da educação brasileira, determinar a possível criação de uma lei específica da educação, a qual viria a criar os primeiros antecedentes históricos para a instituição das LDBs brasileiras das décadas posteriores, e que resultaria em outros avanços significativos para a educação nacional. No entanto, tais avanços proporcionados pela Carta de 1934, ainda que tivessem influência positiva no sistema educacional brasileiro até a atualidade, tal como poderemos constatar no subcapítulo imediatamente posterior, foram logo obscurecidos pelo advento do Estado Novo e da ditadura por ele implantada no conturbado cenário político nacional, que por sua vez, acarretou na revogação prematura da Carta de 1934, tendo esta vigorado por apenas três anos até a entrada em vigor da Constituição de 1937. Este texto constitucional espelhava um regime autoritário e opressor, como foi o Estado Novo de Getúlio Vargas que durou oito anos, de 1937 a 1945, vindo o mesmo a se constituir em um retrocesso para a educação nacional, se comparado com o regime democrático liberal que elaborara a Carta de 1934 no Brasil.

Essa realidade histórica, decorrente da instauração no cenário político nacional do período da ditadura do Estado Novo, não foi logicamente benéfica para a educação nacional, posto que a mesma se orientou no sentido de delinear um sistema de ensino no Brasil desvinculado da preocupação de formar e de qualificar a população estudantil brasileira e de dotá-la de uma boa preparação epistemológica e cultural, com prejuízo para o sistema educacional brasileiro, cujas consequências perduraram por anos a fio. De fato, se observarmos a Carta de 1937, poderemos constatar o fato de que esta retrocedera notavelmente com relação a sua antecessora, a Carta de 1934, no que tange a matéria educacional, uma vez que negou à população brasileira os avanços contidos em seu texto constitucional, de tal forma a se constituir em um retrocesso para a educação brasileira e para o seu sistema de ensino correspondente.

Os dispositivos educacionais da Constituição de 1937 privilegiaram a formação de caráter essencialmente técnico e profissional não abrangente e sem profundidade, em detrimento de uma aprendizagem caracterizada pela assimilação de conhecimentos culturais e científicos geralmente associados à educação moderna eficazmente proporcionada às massas populares de qualquer país e sociedade que se possa definir pós-moderna e adiantada. Logicamente, o sistema educacional resultante de um regime ditatorial, com as características do período do Estado Novo implantado no Brasil entre 1937 e 1945, não poderia implicar em um bom sistema educacional que de fato atendesse às exigências e necessidades de evolução e de desenvolvimento social e econômico para um país com as dimensões e potencialidades como o Brasil, já que o

> *[...] sistema educacional do Estado Novo reproduz em sua dualidade a dicotomia da estrutura de classes capitalista em consolidação. Tal dicotomia é camuflada atrás de uma ideologia paternalista. As chances educacionais oferecidas pelas escolas técnicas (para "os menos favorecidos") parecem ter caráter de prêmio.*[10]

Efetivamente, as características do sistema educacional implantado pelo regime autoritário do Estado Novo de Getúlio Vargas no Brasil de 1937 a 1945 se identificam, em sua plenitude, com um sistema excludente no plano social, pelo simples fato de que, ao instituir as escolas técnicas destinadas para as camadas da população nacional carentes da época, praticamente as impedia de ter acesso a uma educação de qualidade e de conteúdo ao privilegiar para as mesmas uma formação técnica e orientada essencialmente para as necessidades da nascente indústria brasileira daquele período histórico, sem se preocuparem as autoridades competentes/ com um adequado grau de preparação e formação cultural que as igualasse ou de certa forma, as equiparasse às classes mais favorecidas da época. Portanto, se o então governo ditatorial de Getúlio Vargas, inspirado nos princípios corporativistas e estatistas do fascismo italiano, imprimiu à educação um caráter apenas técnico e profissionalizante, é, da mesma forma, verdade que o mesmo sob a gestão do Ministro da Educação da época – Gustavo Capanema – imprimiu diversas reformas que de certa forma beneficiaram o sistema educacional

---

[10] FREITAG, Bárbara. *Escola, Estado e sociedade*. São Paulo: Moraes, 1994. p. 53.

brasileiro, com influências até a atualidade, vindo a contribuir objetivamente na futura delineação de uma ordem educacional nacional de profissionalização técnica de relativa relevância para a qualificação da mão-de-obra nacional para o mercado de trabalho.

Esse contexto histórico favoreceu o surgimento de diversas modalidades de ensino técnico e especializado, consubstanciadas na criação pelo regime do Estado Novo, sob iniciativa do Ministro da Educação Gustavo Capanema, mediante as denominadas Leis Orgânicas da Educação, do Ensino Industrial em 1942, do Ensino Comercial em 1943 e do Ensino Agrícola em 1946. Devemos ainda ressaltar que nessa época também surgiram órgãos públicos autônomos com finalidades profissionalizantes como o Serviço Nacional de Aprendizagem Industrial – SENAI, em 1942 e o Serviço Nacional de Aprendizagem Comercial – SENAC, em 1946.

Esse conjunto de medidas adotadas pelo governo ditatorial de Getúlio Vargas no setor educacional constituir-se-iam nas contribuições que mais benefícios legariam ao sistema educacional brasileiro dos anos e épocas posteriores ao Estado Novo, uma vez que, de certa forma, criou as bases para um maior acesso à especialização e ao aperfeiçoamento qualificativos da mão-de-obra brasileira mediante os três tipos de ensino relacionados às atividades produtivas referidos logo acima e dos seus respectivos órgãos encarregados de prover a essas modalidades específicas de educação. Estas ações, levadas a efeito pelo Ministro da Educação da época, Gustavo Capanema, se constituíram nos legados dignos de nota do regime do Estado Novo para a educação brasileira como um todo e para as gerações posteriores, uma vez que o regime varguista caracterizou-se principalmente pelo seu teor nacionalista, capitalista e corporativista com influxos no sistema educacional brasileiro limitados, exclusivamente, à formação técnica e profissionalizante sem profundidade e aperfeiçoamento nos planos cultural e científico, prejudicando notavelmente os sistemas de ensino brasileiro, inclusive, o ensino universitário.

Por outro lado, logo após a Segunda Guerra Mundial, em que as democracias do mundo livre foram as vitoriosas finais em seu confronto com as ditaduras nazi-fascistas, que conduziram o mundo a uma experiência bélica, bem como a uma tragédia humanitária sem precedentes na história da civilização, produziram-se repercussões econômicas, sociais, culturais e políticas em praticamente todos os países e sociedades da época, e o Brasil não seria diferente. De fato, imediatamente após o fim da Segunda Guerra em 1945, o regime do Estado Novo de Vargas começava a sofrer as primeiras consequências desse estado de coisas que impeliram inevitavelmente a sociedade brasileira na retomada do processo de redemocratização, numa trajetória oposta à de 1937, posto que mesmo que o presidente Getúlio Vargas tenha a 28 de fevereiro de 1945, determinado a volta das eleições presidenciais diretas para dezembro daquele mesmo ano, fora obrigado a renunciar antecipadamente, em 29 de outubro de 1945, cedendo espaço definitivo à volta da normalidade democrática no país, com a eleição do General Eurico Gaspar Dutra em dezembro daquele mesmo ano.

Logicamente que todo processo de transformação político-institucional pressupõe uma consequente reformulação jurídica, o que se verificou com a convocação da Assembleia Constituinte, bem como com a promulgação da Constituição de 1946, que restaurou plenamente o Estado Democrático de Direito no Brasil, após oito anos de regime autoritário representado pelo Estado Novo de Getúlio Vargas. E, como não poderia deixar de ser, também no setor educacional ocorreram modificações significativas resultantes da Carta de 1946, a qual retomou as garantias da Carta de 1934 no que tange à educação nacional, consagrando em seu texto constitucional o ensino primário como sendo obrigatório e gratuito, e, pela primeira vez na história constitucional brasileira, dispôs acerca da faculdade atribuída à União de elaborar uma Lei de Diretrizes e Bases da Educação (LDB). Este fato representou um avanço sem precedentes para a educação brasileira.

A Carta Magna de 1946, em decorrência de seu caráter liberal e democrático, visou transformar o quadro educacional do Brasil de forma a descentralizar o sistema educacional nacional, bem como a democratizar o acesso à educação às camadas trabalhadoras nacionais, além de volver seus dispositivos no sentido de se valorizar a cultura e a pesquisa científica nas universidades brasileiras. A Carta de 1946, contrariamente à de 1937 se afigurou em um avanço para a educação brasileira e para o seu respectivo sistema organizacional, gerencial e administrativo, uma vez que, além de retomar as mesmas garantias da Constituição de 1934, dispôs acerca da necessidade de a União legislar sobre a educação nacional, o que daria origem ao ciclo das LDBs, sendo que a primeira viria surgir como consequência da Carta de 1946, após demoradas discussões no Congresso Nacional e após 13 anos de debates, somente a 20 de dezembro de 1961 com a Lei n. 4.024/61.

Dessa forma, tal como podemos constatar logo acima, a Constituição de 1946 se notabilizou pelo fato de ter gerado as premissas legais para o surgimento da legislação específica sobre educação, pela primeira vez em quase 500 anos de história nacional, o que se constituiu em uma conquista memorável para os pedagogos e demais defensores e promotores da educação nacional como Anísio Teixeira e Fernando de Azevedo, vindo a trazer contribuições à educação brasileira cujos efeitos benéficos perduram até a atualidade. Essa conquista para a educação nacional pode ser facilmente depreendida do ensinamento que se segue:

*Constituição de 46 havia fixado num de seus parágrafos (Art. 5º , XV, d) a necessidade da elaboração de novas leis e diretrizes para o ensino no Brasil que substituíssem aquelas consideradas ultrapassadas do Governo Vargas. De fato, com a reorganização da economia brasileira no contexto internacional, as funções dadas à escola pelo Estado Novo não poderiam permanecer intactas.*[11]

Ainda que com atraso, o caminho à sensibilização das autoridades governamentais competentes acerca da importância da educação como instrumento de desenvolvimento econômico e social, e, portanto, como direito fundamental, estava começando a se definir no horizonte do cenário nacional, uma vez que com a atribuição ao Estado brasileiro de legislar em matéria educacional de forma pioneira, desde então foram de fato, literalmente abertas as portas a uma maior preocupação relativa à questão educacional pelas autoridades brasileiras. Com base nisso, podemos chegar ao entendimento de que, no que tange a educação brasileira, a Constituição de 1946 se afigura ao lado da Constituição de 1934 em outro divisor de águas, já que possibilitou que se estruturasse todo uma legislação especializada em matéria educacional pela primeira vez na história nacional, vindo dessa forma à impelir em um crescimento da importância das questões a ela relacionadas junto às autoridades governamentais e institucionais brasileiras competentes na matéria, o que, por sua vez, implicou em um aumento do grau de conscientização nacional da educação como direito fundamental de relevância, em ascensão.

A evolução da educação no país, no entanto, sofrera outra grande ruptura, bem como outro retrocesso em seu processo de

---

[11] FREITAG, op. cit, p. 56.

desenvolvimento conceptual, sistêmico e operacional, a partir dos anos 60, tanto como exigência para o desenvolvimento nacional como em sua acepção de direito fundamental, com o declínio e a fragilização do regime democrático proporcionado pela Carta de 1946. Este período histórico da vida política brasileira foi caracterizado por conturbações e rupturas crescentes até desaguar no advento do regime militar com a ocorrência do golpe de 1 de abril de 1964. Este acontecimento histórico marcou a história recente do Brasil, o qual ao refletir um conjunto de antagonismos e de forças opostas que vinham se contrapondo desde o final dos anos 50, vieram a repercutir na inevitável ruptura com a realidade democrática brasileira institucionalizada a partir da Carta de 1946. Um acontecimento que resultou na implantação de um regime de exceção, com o pretexto de restabelecer a ordem e a democracia, no conturbado cenário nacional daquele período histórico.

Esse contexto histórico pela sua magnitude e gravidade não poderia deixar de influenciar todos os setores da vida nacional, e com a educação não seria diferente, já que os militares ao tomarem o poder se preocuparam em diminuir ou até mesmo neutralizar o espírito crítico e o grau de consciência racional e político do povo brasileiro de forma a manipular as suas vontades e coibir as suas aspirações e anseios por uma sociedade livre, justa e democrática. O regime militar de 1964 se afigurou como sendo um retrocesso na educação brasileira, não somente em razão do mesmo limitar o acesso da população brasileira mais carente aos serviços básicos do Estado até então prestados pelo regime estatal democrático em vigor, desde a Carta de 1946, mas também, logicamente, porque restringiu significativamente, o acesso dessas camadas menos favorecidas aos direitos fundamentais políticos e sociais, dentre os quais, a educação, é óbvio.

Tal como é do conhecimento geral dos pedagogos e historiadores estudiosos e pesquisadores desse período histórico em especial, portanto, o regime militar implantado com o golpe de 1964 ao adotar o autoritarismo reacionário de direita, se caracterizou por uma oposição manifestada principalmente contra os setores mais progressistas da sociedade brasileira, os quais, como não poderia deixar de ser, sempre estiveram associadas à contestação estudantil e universitária, taxada pelos militares de comunista e subversiva. Neste clima hostil à livre manifestação do pensamento e das ideias, principalmente as pretensamente consideradas ameaçadoras à ordem e à segurança nacional, essas ideias reacionárias foram apregoadas em sua maioria nas escolas de nível de 2º grau e nas universidades brasileiras da época como uma forma de resistência à opressão política e à repressão policial características de um regime autoritário e desrespeitador dos direitos fundamentais e das liberdades democráticas como era o regime militar pós-1964.

Essa realidade histórica, claramente desfavorável à educação brasileira e seu respectivo desenvolvimento, quer como direito fundamental quer como sistema de ensino, pode ser facilmente constatada ao assinalarmos relativamente ao regime militar da época que:

> *Repressão foi a primeira medida tomada pelo governo imposto pelo golpe de 1964. Repressão a tudo e a todos considerados suspeitos de práticas ou mesmo ideias subversivas. A mera acusação de que uma pessoa, um programa educativo ou um livro tivesse inspiração "comunista" era suficiente para demissão, suspensão ou apreensão.*[12]

---

[12] CUNHA, Luiz Antônio. *Educação, Estado e democracia no Brasil*. Um modelo para a educação no século XXI. 4ª ed. Rio de Janeiro: José Olympio, 1999, p. 36.

Na época do regime militar, principalmente em seus anos iniciais, a extinção das liberdades políticas e das liberdades fundamentais da pessoa humana acarretaram danos à, praticamente, todos os setores da vida nacional, particularmente no que diz respeito ao setor educacional e à divulgação e ao acesso da cultura, cuja perseguição atingiu com maior insistência e intolerância, os meios acadêmicos e intelectuais das universidades, dos colégios superiores e das academias científicas brasileiras, o que afetou de forma profunda o sistema educacional nacional daquele período histórico desorganizando-o e atrasando-o notavelmente em sua evolução, cujas consequências se fazem sentir até a atualidade.

As políticas educacionais dos militares foram de fato altamente danosas à organização e à definição de um modelo educacional efetivamente caracterizado pela racionalidade e pela modernidade estruturais, sistêmicas e operacionais de tal forma a torná-lo inadequado e totalmente incapaz de atender às exigências sociais da população brasileira, posto que introduziu o modelo norte-americano de créditos nas universidades para desarticular a formação de grupos coesos e extinguiu da grade curricular dos liceus nacionais, cursos de relevância para o desenvolvimento do espírito crítico e racional nos alunos brasileiros, tais como: filosofia, latim e grego.

Esse conjunto de medidas tomadas pelo regime militar, no campo educacional brasileiro, foram particularmente negativas para o desenvolvimento orgânico, bem como para a evolução do sistema educacional nacional rumo a um modelo de educação que realmente atenda às necessidades e anseios sociais e de elevação das condições materiais e das sistemáticas formativas para a população brasileira.

O período da ditadura militar foi, de fato, um retrocesso para o desenvolvimento da educação nacional, tanto como direito fundamental quanto como sistema organizado e integrado, em um modelo oportunamente estruturado e aparelhado para sua efetiva operacionalização com êxito, cujas consequências ainda hoje influem nos planos econômico e social da sociedade brasileira.

A razão dessa involução no setor educacional brasileiro deve ser atribuída à visão privatista dos militares que orientaram as políticas educacionais no sentido de privilegiarem o predomínio das entidades privadas educacionais sobre as públicas, no intuito de se fazer da educação um negócio que visasse ao lucro, com vantagem para as escolas particulares. Em razão disso, foi nessa ocasião histórica em especial em que:

> *Vitorioso o golpe de 1964, subiram ao poder os defensores do privatismo na educação, aqueles que defendiam a desmontagem ou, pelo menos, a desaceleração do crescimento da rede pública de ensino. Em compensação, as verbas públicas destinadas ao ensino deveriam ser transferidas às escolas particulares que, então, se encarregaram da escolarização das crianças e dos jovens. Só onde a iniciativa particular não tivesse interesse em abrir escolas é que a escola pública seria bem-vinda.*[13]

Essa orientação privatista na política educacional impeliria os militares durante os vinte anos em que se perpetraram no poder no Brasil a criar um sistema educacional exclusivista, que refletia o sistema econômico e social que os mesmos implantaram após o golpe de 1964, modelo de desenvolvimento o qual conduzia inevitavelmente à concentração de renda e à exclusão social, cujas consequências se produziram com efeitos nefastos

---

[13] CUNHA, op cit., p. 42.

para a sociedade brasileira até a atualidade. Ou, em outras palavras, o modelo educacional introduzido pelos militares no Brasil após 1964 refletia uma visão essencialmente capitalista da realidade, em detrimento de uma orientação ideológica mais volvida para o social e para a educação, em sua acepção de gratuidade e de estatalidade universais, já que os militares desinformados consideravam os defensores das escolas públicas e desapropriação da propriedade como sendo aqueles socialistas que ameaçariam a ordem e a segurança nacionais.

Diante dessa realidade em especial, podemos constatar que naquela época os militares, para atingir os seus objetivos capitalistas, repressores e exclusivistas, baseado no modelo econômico do desenvolvimentismo associado, em que fundamentava os esteios do crescimento da economia na indústria e na dependência do capital estrangeiro, propiciaram altas taxas de crescimento econômico, contudo, implicando no aumento da concentração de renda e das desigualdades sociais com efeitos até os dias atuais para o país. Este conjunto de fatores conduziu a observarmos o fato de que o regime de 1964 adotou uma política de desenvolvimento que teve êxito mediante a abertura aos monopólios internacionais, o que fez com que os interesses de mercado sempre predominassem em detrimento dos interesses da população brasileira.[14]

Como consequência dessa visão capitalista da vida nacional, o regime militar de 1964 preocupava-se no campo educacional fundamentalmente com a qualificação do capital humano, conceito educacional introduzido pelos Estados Unidos da América (EUA) como diretriz de política social para os países em desenvolvimento, o qual foi amplamente difundido no

---

[14] VIEIRA, Evaldo A. *Estado e miséria social no Brasil*: de Getúlio a Geisel. 3ª ed. São Paulo: Cortez, 1987.

Brasil no decorrer da década de 60. Esta concepção educacional foi considerada nos anos 70 como sendo pré-capitalista, uma vez que ao defender que o processo de educação escolar seja considerado como um investimento que implica em aumento da produtividade e, em razão disso, em melhores condições de vida para a classe trabalhadora, seria taxada como uma concepção de modelo educacional que impede mudanças estruturais mais profundas no sistema educacional, abandonando praticamente o trabalhador assalariado à sua própria sorte.

Em virtude dessa concepção de modelo educacional fundamentada nos valores capitalistas, em que os interesses do mercado predominavam sobre os interesses coletivos da população brasileira, não causará logicamente surpresa o fato de que os militares, então no poder no país, assentassem o modelo educacional em programas de formação de mão-de-obra com a finalidade de atender às exigências do setor empresarial brasileiro volvido a atingir fins lucrativos. Tais programas de assistência escolar, articulados e disponibilizados pelos EUA junto aos países do Terceiro Mundo e em vias de desenvolvimento, fundamentavam-se em soluções educacionais baseadas nos aspectos quantitativos do sistema escolar, no qual visava-se obter maior rentabilidade mediante uma economia mais intensa de recursos, bem como nos aspectos qualitativos, ao promover-se o treinamento da mão-de-obra, a utilização de equipamentos, bem como a reorganização da grade curricular para fins de qualificação daquela mão-de-obra para as empresas em expansão.

Podemos constatar que esse foi um período caracterizado por reformas no ensino com as características acima referidas, reformas cujas peculiaridades foram realizadas em vários países por meio de fórmulas consubstanciadas nas modalidades de ajuda internacional para a educação, que no caso do Brasil se deram mediante os acordos assinados entre o Ministério de Educação e Cultura e a agência norte-americana – Agency for International Development (USAID) –, os designados acordos MEC-USAID dos anos 60. Dentro dessa óptica e desses âmbitos compreendidos pela cooperação levada a cabo no campo educacional entre o Brasil e os EUA, foram assinados entre 1964 e 1968 pelo governo militar da época 12 acordos de cooperação MEC–USAID com o fim de se diagnosticar bem como de se obter soluções para as problemáticas da educação brasileira da época com base na diretriz do desenvolvimento nacional fundamentada no capital humano. Além do que, devemos frisar ainda que os assessores do USAID orientavam a sua linha de ação com base na mentalidade empresarial que, associada às medidas e atitudes autoritárias do regime militar, dotou a política educacional de então com traços característicos tais como o desenvolvimentismo, a produtividade, a eficácia, o controle e a repressão.

Efetivamente, as duas linhas de ação que caracterizavam a política educacional brasileira dentro do âmbito dos programas de cooperação bilateral MEC–USAID durante o período da ditadura militar no Brasil, cuja dependência mútua era evidente, podem ser sintetizadas como sendo "a mentalidade empresarial dando conteúdo ao desenvolvimento e a utilização de força garantindo a implantação do modelo".[15]

Devemos da mesma forma, assinalar o fato de que esses traços que caracterizaram os acordos MEC–USAID foram adotados no Brasil, como a diretriz básica das reformas educacionais efetuadas naquela época em especial. Conforme analisa Dermeval Saviani,[16] enquanto a Lei n. 4.024/61, ou seja, a primeira

---

[15] ROMANELLI, Otaíza de O. *História da educação no Brasil*. 1930-73. Petrópolis: Vozes, 1978, p. 218.

[16] SAVIANI, Dermeval. *A nova lei da educação:* trajetória, limites e perspectivas. 5ª ed. Campinas, SP: Autores Associados, 1999.

Lei de Diretrizes e Bases da educação Nacional, se caracterizou por adotar uma linha liberal e que reformulou toda a educação no Brasil de então, as Leis n. 5.540/68 e 5692/71, a segunda e a terceira Leis de Diretrizes e Bases da educação nacionais, reformaram, respectivamente, o ensino superior e o ensino secundário em 1968 e em 1971, e se caracterizaram por seguir uma linha tecnicista. Faz-se necessário, além disso, ressaltar que, do ponto de vista essencialmente filosófico do sistema, as reformas de 1968 e de 1971, no campo educacional brasileiro, implicaram na ampliação do afastamento definitivo da educação da realidade econômica e social brasileira subjacente, com óbvios prejuízos no que diz respeito à disponibilização de um adequado sistema de ensino para a população brasileira, já que ao tolher a participação popular e, portanto, a capacidade discursiva e o espírito crítico e de politização consciente da população brasileira, implicou também na implantação de um processo de alienação cultural, política e educacional crescente na juventude da época.

Observamos, por conseguinte, que em virtude da modificação da forma de conceber o ensino, determinada pela eclosão do regime militar no Brasil pós-1964, a cultura foi substituída pela orientação tecnicista como forma de promover o desenvolvimento econômico e social, decorrente do conjunto de interesses que na época se refletiam na celebração dos acordos MEC–USAID. E, sob a óptica da execução, a legislação que viabilizara as reformas assentara-se nos princípios organizacionais dos grupos empresariais capitalistas, ao ditar a política econômica de concentração de renda, e, como não poderia deixar de ser, a concentração do ensino escolar, com danos evidentes à educação nacional como um todo.

Esse quadro advindo desse conjunto de reformas no âmbito jurídico e técnico-legal resultou da seguinte circunstância: enquanto os princípios estruturantes da reforma universitária de 1968 possibilitaram a adequação das universidades brasileiras ao projeto educacional tecnomilitar da época, mediante a observância da filosofia de aumento da produtividade com contenção de gastos e com o resultado de uma universidade que atendia apenas a um grupo restrito de interesses particulares e de poder, já a reforma dos ensinos secundário e elementar levada a cabo em 1971 foi a responsável pela instituição dos ensinos de 1º e de 2º Graus, sempre sob o mesmo parâmetro da filosofia educacional da época. Essas modalidades de ensinos, em conformidade com a natureza das reformas, na época levadas a cabo pelo regime militar, implicaram, inevitavelmente, no fato de que o designado 1º Grau caracterizou-se por ser uma modalidade de ensino estruturada e ministrada em um curso único, seriado, obrigatório e gratuito com oito anos de duração, ao tempo em que a mesma reforma concebeu e definiu o ensino de 2º Grau como sendo um curso essencialmente profissionalizante, com a finalidade específica de formar e qualificar técnicos para as indústrias, o que implicou na identificação do objetivo exclusivista do regime militar que era o de restringir as oportunidades educacionais, com danos para a população brasileira que se fazem sentir até na atualidade.

Ao se alcançar os anos 80 e 90, podemos identificar um quadro sócio-econômico de crises e de dificuldades crescentes e de tal magnitude chegando a impedir o processo de crescimento econômico no Brasil, ao representar uma ruptura no ciclo de crescimento econômico verificados nos anos 70, na época do denominado "milagre brasileiro", na melhor fase da ditadura militar. Esses períodos recentes da história nacional foram oportunamente designados como sendo as "décadas perdidas", em outras palavras, foram anos caracterizados pela paralisia do processo de melhoria na distribuição de renda nacional, e, ainda que tenha havido crescimento econômico em alguns setores da economia brasileira, verificou-se a persistência de um regime inflacionário ininterrupto no decorrer daquele período específico da história econômica nacional. Além disso, é bom ressaltar que nos anos 90 o Brasil cresceu menos que nos anos 80 e a taxa de desemprego aumentara relativamente àquele mesmo período, sendo que o controle da inflação que se operara na década de 90 foi efetuado às custas de uma grave crise social.

Ao analisarmos esse conjunto de fatores de ordem social e econômica que se produziram como consequência do modelo neoliberal de desenvolvimento econômico e de organização das atividades produtivas implementado pela ditadura militar em sua fase final, verificamos que esse quadro implicou na eclosão de um conjunto de crises que conduziram à crise político-institucional do regime militar e, como consequência alvissareira, ao advento do processo de redemocratização brasileira, ainda que tenha implicado em longos anos de transição democrática.

Efetivamente, esse conjunto de crises que se vinham desenhando desde o final da década de 70, se aprofundaram notavelmente na década de 80, conduzindo irremediavelmente à organização crescente dos movimentos sociais e à mobilização de segmentos das classes política e empresarial brasileiras, com o intuito de pressionar pelo retorno das liberdades civis e das liberdades democráticas, o que redundou, durante o período do último presidente do ciclo militar, o general João Baptista Figueiredo, de 1979 a 1985, na realização das eleições diretas para governador em 1982, no reconhecimento de outros partidos políticos, na campanha das Diretas Já em 1984, na eleição indireta do primeiro presidente civil, após vinte anos de regime de exceção com a eleição pelo Colégio Eleitoral em 1985 de Tancredo Neves, que falecera em abril de 1985 antes de assumir, vindo a assumir o cargo o seu vice José Sarney. Com a confirmação de Sarney na presidência da República, o processo de redemocratização ganhou um impulso adicional e efetuara-se de forma relativamente mais célere, frente ao período que o antecedera, uma vez que foi convocada uma Assembleia Constituinte que conduziu à promulgação da oitava Constituição brasileira, a Constituição Federal de 1988, e, por fim, à realização em 1989, das primeiras eleições presidenciais diretas, após um jejum democrático de 29 (vinte e nove) anos.

Todo esse conjunto de transformações ocorrido na época não podia deixar de influenciar todos os campos da vida nacional, e com a educação não seria diferente, pelo simples fato de que, assim que o Brasil voltou a respirar um clima crescente de liberdades democráticas, as mesmas forças que se mobilizaram em prol da democracia e do retorno das liberdades civis e políticas, começaram a discutir com todos os setores da sociedade civil as problemáticas da educação brasileira, numa demonstração de consciência civil sem precedentes na história nacional, principalmente por ocasião dos debates havidos no período da Assembleia Nacional Constituinte de 1987-88. No entanto, havemos de ressaltar que uma tendência à modificação já se registrara em 1982, mediante a extinção da profissionalização compulsória no ensino de 2º Grau, que fora institucionalizada com a Lei n. 5.692/72, a qual fora por sua vez derrogada com a entrada em vigor da Lei n. 7.044/82, que pôs fim a mais esse equívoco da ditadura militar no plano educacional.

Sublinhamos que os maiores avanços já registrados na história nacional em matéria educacional, somente se verificaram a partir da Constituição promulgada a 5 de outubro de 1988, que ao resguardar de forma abrangente e multilateral os direitos sociais, como nunca se verificara na história constitucional brasileira, foi justamente designada de Constituição Cidadã por Ulysses Guimarães, uma das figuras de destaque da Constituinte de 1987-88 e do período de redemocratização nacional. Essa denominação justifica-se plenamente no âmbito educacional, pelo simples fato de que a Constituição Federal incluiu inúmeros artigos em um capítulo de seu texto educacional, que trata apenas de matéria educacional, além de existirem outros artigos e disposições constitucionais esparsas ao redor de toda a Carta Magna de 1988, que fizeram dela uma autêntica garantia para o sistema educacional brasileiro, tal como poderemos constatar com mais profundidade e propriedade no subcapítulo imediatamente posterior.

De fato, foi a partir da Constituição de 1988, que as questões e problemáticas relacionadas à educação brasileira começaram a ser tratadas com maior ênfase e atenção, quer considerando a educação como direito fundamental da população brasileira, quer como meio de favorecer o desenvolvimento nacional, ocasionando debates que foram salutares para a jovem sociedade democrática brasileira, uma vez que um dos pilares de qualquer democracia que funcione eficaz e solidamente estão consubstanciados num modelo educacional que funcione eficazmente. Neste contexto, houve necessidade de se criar uma nova lei de diretrizes e bases da educação nacional. Por iniciativa do Senador Darcy Ribeiro, após oito anos de discussões no Congresso Nacional, fora, enfim, aprovada a nova LDB brasileira, a Lei n. 9.394/96, sancionada em 20 de dezembro de 1996. Esta criação legislativa representou o maior avanço jurídico e técnico no setor educacional, posto consistir num texto legal avançado e moderno. Portanto, a atual LDB, ao mesmo tempo que possibilitou a divisão da educação em várias modalidades de ensino, dentre as quais a Educação à Distância e a melhoria na concepção da Educação Especial, consagrou no âmbito da educação nacional um sistema de ensino gerido pela iniciativa particular e absolutamente volvido ao lucro e ao imediatismo em evidente detrimento de uma educação pública e gratuita.

Finalmente, podemos constatar no decorrer da evolução e desenvolvimento históricos da educação no Brasil o fato de que a mesma, apesar dos constantes retrocessos, obstáculos e empecilhos que enfrentou praticamente desde a missão exploradora portuguesa de 1549, data em que os jesuítas aqui vieram para implementar o primeiro proto-modelo educacional brasileiro, até o atual modelo educacional proporcionado pela atual LDB (Lei n. 9.394/96), foram registrados avanços e conquistas na tentativa de dotar o país de um adequado modelo educacional que efetivamente esteja em consonância com as necessidades e anseios econômicos e sociais de todos os segmentos da população nacional. Para tal fim, no entanto, far-se-á inevitavelmente necessário que se adapte não somente a excelente legislação existente no Brasil em matéria educacional, mas também toda uma série de políticas e de métodos nesse fundamental campo em especial, pelo simples fato de que apesar dos recentes avanços, um país em desenvolvimento como o Brasil deve atribuir maior relevância à educação, não somente em razão de que há ainda um longo caminho a trilhar, mas também porque a mesma se afigura em um meio básico para se atingir o desenvolvimento em qualquer país adiantado para que possa de fato se tornar uma sociedade mais justa e próspera.

## 1.2 EDUCAÇÃO NAS CONSTITUIÇÕES BRASILEIRAS

Conforme podemos constatar quando da análise do processo de surgimento, construção e definição materiais da educação brasileira no subcapítulo anterior, percebemos com relativa facilidade que o seu processo evolutivo esteve relacionado ao desenvolvimento do direito constitucional brasileiro e de suas oito constituições, isto é, desde a primeira, a Constituição de 1824 até a última e atualmente em vigor de 1988. O relacionamento existente entre o direito e a educação se faz sentir, portanto, desde a Constituição Imperial de 1824, que consagrou os direitos fundamentais do ser humano, com destaque ao atual texto constitucional de 1988, que dispõe de um capítulo dedicado somente à educação.

Apresentaremos a seguir a defesa da ideia de que o desenvolvimento e a garantia da educação, enquanto direito fundamental da pessoa humana, está intimamente relacionado na história da evolução do direito constitucional brasileiro, bem como de sua respectiva ordem constitucional.

A relação existente entre a educação e o direito constitucional é de tal forma intensa que ocasionou em tempos recentes a formação do direito educacional, novo ramo do direito público em ascensão, cuja origem está intimamente relacionada ao desenvolvimento do direito constitucional brasileiro desde as suas origens mais remotas até a atualidade. Com isso, entendemos e advogamos que foi mediante esse relacionamento entre a educação e o direito constitucional nacional que foram significativas as contribuições no sentido de tornar realidade a garantia dos direitos fundamentais no Brasil. De fato, essa relação histórica entre o direito constitucional e a educação pode ser identificada e comprovada tanto pelas ciências jurídicas como pelas ciências sociais em um período relativamente anterior à independência do Brasil em 1822. Neste período relativo ao movimento iluminista, à Revolução Francesa e à Independência dos EUA, se produziram as circunstâncias históricas nas quais se verificou a necessidade de assegurarem os direitos humanos, vindo os mesmos a se constituírem em acontecimentos históricos de vital relevância para o desenvolvimento do constitucionalismo moderno.

Antes de procedermos à análise histórica da evolução do direito à educação em cada uma das oito constituições que a cronologia jurídica registra para o Brasil em mais de 180 anos de independência política e institucional, devemos ressaltar o fato de que para que possamos analisar de forma adequada esses avanços deveremos concentrar nossas atenções também, no contexto histórico em que tais progressos constitucionais relativos à educação se deram no decorrer de quase 200 anos de história constitucional brasileira. Será, por conseguinte, inevitável que ilustremos todo o conjunto de transformações, imobilismo ou até mesmo involuções que se verificaram nesse período sob o ponto de vista econômico, social, político e cultural, cujas análises contextualizadas serão oportunamente complementadas por uma análise mais específica da educação como direito fundamental à luz da doutrina jurídica de cunho constitucional e filosófico do direito aplicado ao direito constitucional.

Consequentemente, afigura-se como sendo à luz das modernas doutrinas constitucionais o fato de que:

> *Cada constituição nacional representa a institucionalização de uma nova ordem social, econômica e jurídica, decorrente de um acontecimento político importante. A constituição é geralmente promulgada dois a três anos após a ocorrência de tal acontecimento.*[17]

Justamente em razão disso, deveremos frisar que no decorrer das análises efetuadas, nenhuma observação detida e criteriosamente objetiva, bem como comentário respectivo deve ser feito, sem antes se correlacionarem as circunstâncias materiais em que as cartas se inserem. Isto pode ser explicado pelo simples fato de que esse entendimento é necessário para que possamos determinar o sentido, a orientação e os objetivos de seus dispositivos constitucionais referentes à educação. Ao lado disso havemos de efetuar observações sistemáticas acerca de cada avanço isoladamente e em conjunto com outros progressos,

---

[17] COSTA, Messias. *A educação nas Constituições do Brasil*: dados e direções. Rio de Janeiro: DP&A, 2002, p. 12.

no que diz respeito à consagração dos direitos fundamentais nas constituições brasileiras, análises essas nas quais focalizaremos com destaque o direito à educação, objeto principal deste estudo.

Dessa forma, urge explicitar como o direito à educação evoluiu nas constituições brasileiras e de que forma e por quais meios ele se encontra garantido como princípio e como direito subjetivo, em especial modo na Carta Constitucional de 1988, atualmente em vigor no Brasil, cujo procedimento analítico se faz de crucial relevância para a compreensão desse processo relacional.

Para garantir uma adequada compreensão dos avanços e de sua correspondente evolução no que tange ao processo de constitucionalização do direito à educação no Brasil, carece destacar que estão registrados na história constitucional nacional avanços em seus dispositivos que colocariam os elaboradores das constituições nacionais como verdadeiras referências jurídicas e técnico-legais para outros países do mundo; tal foi o grau de conquistas e de avanços relacionados à educação como direito fundamental de todos os brasileiros. Simultaneamente a esses progressos dignos de louvores e de orgulho nacional em razão da qualidade estilística, técnica e de sofisticação e profundidade do conteúdo obtida pelos juristas e constitucionalistas brasileiros dos últimos 180 anos, devemos também assinalar os retrocessos que se verificaram nos textos constitucionais que se sucederam historicamente, os quais foram significativos para um país com as características e dimensões do Brasil. País este que precisava ter atribuído à educação um papel primário bem como uma importância de relevo em períodos de sua história anteriores ao que possibilitou o processo de redemocratização, que conduziu a sociedade brasileira à adiantada Constituição Federal de 1988, que consagra plenamente o direito à educação com um capítulo todo, destinado à mesma.

Se se considerar esse conjunto de fatores históricos e materiais relacionados ao desenvolvimento das ordens constitucionais brasileiras que se sucederam no tempo, relativamente à educação como direito fundamental do povo brasileiro, devemos objetivamente ressaltar que:

> *[...] ao longo do processo constitucional, de 1823 a 1988, podem-se identificar certos efeitos das constituições sobre a educação brasileira. A gratuidade do ensino é um bom exemplo: surge como uma inovação na Carta imperial de 1824 e desaparece na primeira constituição republicana de 1891. A partir de 1934 a educação é reconhecida como um direito social atribuído ao cidadão.*[18]

A história da educação como direito resguardado pelas ordens constitucionais no Brasil foi particularmente marcada por avanços e retrocessos, os quais se sucediam praticamente entre uma alteração e/ou ruptura nas ordens político-institucional e jurídica, e outra da mesma magnitude que se verificava imediatamente posterior à subsequente. Ao começarmos todo esse conjunto de análises de cunho histórico-jurídico já estamos podendo constatar de forma evidente que, em se falando sobre questões relativas à educação, não houve consciência nem sensibilidade cívica, moral, política e jurídica amadurecidas no decorrer da história constitucional nacional antes da promulgação da Constituição Federal de 1988, por parte dos juristas e constitucionalistas brasileiros, apesar de terem produzido textos constitucionais que se constituíram e ainda se constituem, em obras de incontestável primor e perfeição jurídicas e técnico-legais, de tal forma a se incluírem, pelo menos no papel, nas mais adiantadas constituições do mundo.

---

[18] COSTA, op cit., p. 7.

É pacífico, portanto, em conformidade com a doutrina moderna, que os avanços e retrocessos registrados no decorrer da história constitucional brasileira, relativamente à educação como direito fundamental, tivessem sido resultado de determinadas circunstâncias econômicas, sociais, políticas e culturais em que os grupos que representavam as elites dirigentes ou forças progressistas, que por sua vez pressionavam de forma irresistível a favor deste ou daquele princípio, e que acabaria por implicar em progressos ou em retrocessos no que tange a educação nacional nos diversos períodos históricos em que se inseriram também a elaboração das oito constituições brasileiras. Essa realidade relativa àquela época pode ser constatada ao examinar o contexto histórico em que a primeira constituição brasileira – a Constituição Imperial de 1824 – foi outorgada; ocasião na qual influíram os ideais iluministas e a Revolução Francesa. Portanto, a Constituição do Período Imperial teve suas linhas e ideias básicas definidas em período anterior à Independência do Brasil e à Declaração Universal dos Direitos do Homem e do Cidadão, sendo esta, por conseguinte, uma época caracterizada pelo começo da valorização dos direitos fundamentais com grande preocupação pelos direitos coletivos da humanidade.

Não obstante o fato de a Constituição Imperial de 1824 ter sido elaborada e formulada em um contexto histórico em que os direitos fundamentais eram fonte de inspiração a praticamente todos os movimentos e transformações de cunho político-institucional, jurídico e cultural, os seus constituintes não atribuíram a devida ênfase aos direitos sociais, dentre os quais a educação, embora tenham expressamente consagrado em seu art. 179, a gratuidade da instrução primária a todos os cidadãos brasileiros. A Constituição de 1824 refletia ainda, aquele conjunto de forças que conduziram irreversivelmente à independência do Brasil em 1822, as quais, pela influência dos ideais progressistas da Revolução Francesa e do positivismo filosófico, tecnicista e jurídico francês, produziram uma sociedade liberal e progressista na forma de pensar, mas autocrática na forma de agir, de tal forma a impedir eventuais levantes das classes subalternas que a compunha. Esta situação logicamente influi no caráter rigorista na forma e na técnica jurídicas, e inovador no conteúdo e nas matérias por ela contempladas, de modo a torná-la, à época e posteriormente, uma das mais avançadas cartas magnas se comparada ao de outros países.

De fato, não constituir-se-á, portanto, em surpresa o fato reconhecido entre os constitucionalistas e históricos do direito de que:

> *A Lei Maior de 1824 é tida pelos estudiosos do assunto como bem adiantada para a época. Teve um longo período de vigência e, segundo Chizzotti, 'sintetiza as relações de forças sociais e políticas que, por fraturas diversas, deram condições à independência'. Quando de sua revogação pelo governo republicano, em 1889, depois de 65 anos, era, segundo Nogueira, a Segunda constituição escrita mais antiga do mundo, superada apenas pela dos Estados Unidos.*[19]

A primeira constituição brasileira ou Constituição Imperial de 1824, sendo um conjunto de características técnicas, formais e de conteúdo que a fazem um primor de concepção, de estruturação, de elaboração e de formulação em matéria constitucional, e não somente de modo a se constituir em um orgulho para o Brasil, nos faz supor que se trata de um texto constitucional à altura das sociedades mais adiantadas do mundo da época. Não obstante tudo isso, podemos constatar que, em razão das

---

[19] COSTA, idem, p. 12.

características conservadoras e reacionárias da sociedade brasileira da época, visão de mundo pela qual os estratos populares e os escravos eram considerados pelas classes dominantes, não havia, essa sociedade, amadurecido ainda o suficiente, para ter preocupação social; de tal maneira que chegou a negligenciar e, até mesmo, a omitir-se em áreas de interesse social tais como a saúde, o direito à moradia e à educação logicamente.

Constitui-se em mais uma demonstração dessas suas virtudes e características positivas o fato de que:

> *Seguindo o exemplo da "Declaração dos Direitos do Homem e do Cidadão", decretada pela Assembleia Nacional Francesa, em 1789, afirmou que a inviolabilidade dos direitos civis e políticos tinha por base a liberdade, a segurança individual e a propriedade.*[20]

Apesar da Carta Magna de 1824 se constituir em um texto legal avançado para a época, se comparado ao de outros países contemporâneos, tal como podemos constatar com base no entendimento que nos permite possuir os estudos efetuados sobre a mesma até a atualidade, A Constituição de 1824 não conseguiu atender a realidade educacional da época com as suas respectivas necessidades e exigências da população carente do Brasil de então. Essa situação se produzira não em virtude dessa Carta ser negligente ou omissa em matéria constitucional humanitária, uma vez que o seu art. 179 dispunha claramente que a instrução primária é gratuita para todos os brasileiros, mas sim, porque não havia consciência social nem vontade política

---

[20] HERKENHOFF, João Baptista. *Como funciona a cidadania*. 2ª ed. Manaus: Valer, 2001, p.76.

amadurecidas para que a questão educacional fosse, na prática, uma preocupação de governo.

Ao analisarmos esse período histórico da evolução do constitucionalismo brasileiro verificamos que o governo imperial, para fins de adequar-se à realidade social com todas as suas demandas e exigências da época, fora impelido à sancionar uma lei complementar à Constituição em 1827, que determinara a necessidade de haver escolas primárias em todas as cidades e centros habitados do Império, além de escolas de meninas nas cidades mais populosas, cujas determinações nunca foram de fato observadas e cumpridas.

Percebemos, de forma clara, que havia um descompasso entre o que os textos legais pregavam e a execução prática das mesmas, tendo-se em vista o quadro político e social que caracterizava a sociedade brasileira de então, justamente em razão da falta de comprometimento das autoridades competentes do governo imperial da época para com as questões educacionais nacionais.

Outra prova da disparidade existente entre o alto nível técnico-legal, estilístico e de conteúdo atingido pela Constituição de 1824, e pela legislação notavelmente adiantada se comparada à realidade social brasileira dos primórdios do século XIX subsequentes foi a Lei n. 16, também conhecida como Ato Adicional de 1834, que se constituiu em um avanço no tratamento dos problemas educacionais nacionais brasileiros. Houve progressos, uma vez que a mesma possibilitou a descentralização das competências legislativas e jurídicas em matéria educacional ao dispor que a partir do referido ato passou a ser de competência das províncias o direito de legislar sobre a educação pública e de promovê-la efetivamente, o que se afigurou, ainda que parcialmente e de forma escassa, em um avanço para o ensino secundário nacional, já que as referidas unidades administrativas imperiais começaram a instituir liceus provinciais.

Não obstante as competências adicionais de que foram imbuídas as províncias imperiais após a edição do Ato Adicional de 1834, devemos ressaltar que o ensino primário e o ensino secundário não se beneficiaram sensivelmente com as disposições legais do mesmo, pelo simples fato de que as províncias não conseguiram, por uma série de fatores, cumprir os dispositivos legais tão modernos para a época no que tange à educação como direito acessível a todos. De fato, o real objetivo do Ato Adicional de 1834 era o de garantir um maior acesso da população à educação fundamental e pré-universitária, com a finalidade específica de democratizar as oportunidades de ensino às massas populares, que na época achavam-se quase que completamente excluídas de um direito fundamental e básico como é a educação.

Além disso, faz-se necessário frisar que o então governo imperial, como consequência do Ato Adicional de 1834, acabou por concentrar as suas competências legislativas no campo educacional exclusivas no que diz respeito ao ensino superior, embora que na prática não tenham sido registrados avanços sensíveis nesse grau de ensino, em especial no período pós-1834. Digno de nota foi, a partir da situação criada com a entrada em vigor do Ato Adicional de 1834, a fundação por decreto do Colégio Pedro II, em 2 de dezembro de 1837, consubstanciada na transformação do Seminário de São Joaquim em uma instituição de ensino secundário dirigida pelo governo imperial.

Devemos assinalar, no entanto, que a educação como direito fundamental, como houvera sido previsto no art. 179 da Constituição Imperial de 1824, não se tornara realidade no decorrer de todo o governo imperial, e mais, estava longe de se firmar como uma preocupação de primeira importância política e social. De fato, apesar de a Constituição Imperial Brasileira se afigurar como a segunda constituição escrita da história, bem como, em uma das mais avançadas de sua época, não foram, entretanto, os seus preceitos e dispositivos constitucionais efetivamente aplicados e cumpridos, o que acarretou no preocupante quadro educacional que o Império brasileiro legou à República, num atestado oficial da falta de sensibilidade e consciência das autoridades competentes da época acerca das questões educacionais.

Em 1889, com o advento da República no Brasil, sobreveio, contudo, uma valorização do individualismo no sistema liberal com a Constituição Republicana de 1891, o que implicou no bloqueio definitivo das disposições constitucionais relativas à educação nacional, vindo a se constituir em um significativo retrocesso no campo educacional frente a sua antecessora, a Constituição Imperial de 1824. De fato, a Constituição Republicana de 1891, a segunda constituição brasileira, foi delineada e elaborada tomando como modelo a Constituição Norte-Americana, ao abraçar, da mesma forma, as ideias e os ideais do presidencialismo, do federalismo, do liberalismo político e da democracia burguesa. Particularmente, no que diz respeito ao federalismo, devemos frisar que esta concepção veio a predominar na época, sobretudo como uma decorrência de um conjunto de relações políticas, econômicas, sociais e culturais assentadas no estabelecimento imperante dos interesses do poder oligárquico, historicamente conhecido como coronelismo, o qual exerceu notável influência ao longo da Primeira República no país.

Com o advento da República, ocorreu no Brasil, a instauração de um regime igualmente excludente a exemplo do que ocorrera no Período Imperial, em que agora, as forças dominantes da Primeira República eram representadas pelas oligarquias, proprietárias das fazendas de café, que praticamente ditavam as regras na sociedade da época, que ancorados no liberalismo individualista, consagrado pela Constituição de 1891, tolheram, outra vez, da maioria da população brasileira, o acesso aos direitos sociais básicos, sobretudo a educação, uma vez que um povo consciente e educado dificilmente poderia ser controlado pelas oligarquias daquele período histórico, que eram os pilares da Primeira República. Portanto, não há como causar surpresa o fato de que a educação não tenha merecido por parte da segunda constituição brasileira a mesma relevância e atenção à qual reservara a primeira, uma vez que não era interesse das classes dominantes que as camadas menos favorecidas tivessem acesso a um direito fundamental tão relevante como é a educação, sob pena de porem em risco o seu sistema de dominação fundamentado na exclusão social, como também se verificara no Império.

Essa ausência de consciência e de preocupação frente à necessidade de se tornar acessível a todos os brasileiros, um direito fundamental básico como a educação, um grande indutor do desenvolvimento material de qualquer país contemporâneo ao Brasil da época, pode ser facilmente constatada e explicada em razão de que:

> *A República foi proclamada num momento de expansão da social-democracia e de ampliação dos direitos dos trabalhadores. Entretanto, a hegemonia de uma visão individualista do liberalismo determinou a derrota das poucas emendas que propuseram o ensino obrigatório na Constituinte Republicana de 1891. Para Carlos Roberto Jamil Cury, a omissão dos constituintes sobre a obrigatoriedade/gratuidade era '(...) explicável, ao menos no âmbito das falas sobre a gratuidade, pelo princípio federativo. Já a obrigatoriedade não passou, seja por causa do federalismo, seja e sobretudo pela impregnação do princípio liberal de que a individualidade é uma conquista progressiva do indivíduo que desenvolve progressiva e esforçadamente a sua 'virtus'.*[21]

---

[21] OLIVEIRA, Romualdo Portela de. *Gestão, financiamento e direito à educação*: análise da LDB e da Constituição Federal. São Paulo: Xama, 2001, pp. 17-18.

Não se afigura, portanto, como sendo uma surpresa, o fato de tanto o princípio da gratuidade, como o da obrigatoriedade do ensino no Brasil, terem sido omitidos do texto constitucional de 1891, já que tanto o princípio federativo, como o liberal, em razão de suas características intrínsecas e da natureza dos seus objetivos, não podiam implicar em destino diferente para a educação brasileira, naquele período histórico em especial. Não obstante isso, carece destacar o relevante fato de que, após a Constituição Republicana de 1891, algumas constituições estaduais contemplaram em seu bojo intrínseco, a escolarização primária gratuita e obrigatória, ao admitirem como sendo responsabilidade estadual a instrução elementar.

Além disso, ainda no que diz respeito à Constituição Republicana de 1891, devemos assinalar o fato de que o direito à educação gratuita se constituiu em objeto de debates no âmbito educacional brasileiro, no decorrer do período da República Velha, de uma forma tal a fazer com que esse direito viesse a se constituir em uma reivindicação de crescente relevância junto às comunidades jurídica e educacional brasileiras da época. Essa situação circunstancial acarretou na consagração definitiva desse direito fundamental que é a educação após a Revolução de 1930, ao assegurar e objetivamente delinear, no decorrer da Assembleia Constituinte de 1933-34, os marcos legais dessa institucionalização, que na época constituiu-se em um objeto de acalorados debates.

De fato, com a promulgação da Constituição de 1934, consagrara-se no Brasil a efetivação dos direitos sociais como direitos constitucionais de uma forma como nunca antes houveram sido contemplados em um texto constitucional no país, já que a Carta de 1934 se inspirara na Constituição Alemã de Weimar de 1919 e na Constituição Espanhola de 1931, as quais consagraram pela primeira vez na história constitucional mundial os direitos sociais à categoria de direitos plenamente positivados, o que no plano nacional se verificara com a designada Carta Social de 1934. Não surpreende o fato de a Carta Magna de 1934, ao consagrar de forma ampla e irrestrita os direitos sociais no Brasil, tenha dedicado uma atenção de destaque à educação, o que pode ser demonstrado ao analisar o seu texto constitucional no qual um dos capítulos (Capítulo II do Título V) trata, exclusivamente, de matéria educacional, o que se constituíra num fato inédito até então.

Essa realidade histórica que ocasionou esse desdobramento inexorável na história do constitucionalismo brasileiro se afigurou num avanço notável para a efetivação e legitimação dos direitos sociais como direitos fundamentais com ênfase à educação que, pela primeira vez no seu desenvolvimento histórico, lhes fora reservado um capítulo específico, num notável avanço no sentido de se assegurar a educação como um direito de todos os cidadãos brasileiros, com influências positivas até à atualidade. Esses avanços em matéria educacional que a Constituição de 1934 realmente legou à posteridade brasileira, vindo a mesma a se constituir em um divisor de águas no sentido de consagrá-la como um direito fundamental, pode ser comprovado pelo fato de que:

> *No século XX, que pode ser chamado de século das preocupações com o social, a Carta Magna de 1934 passou a abrir espaços, não só amplos, como inovadores, ao tema da educação nacional. Inspirado, em grande parte, na Constituição de Weimar (cidade-Estado alemã, nascida do Tratado de Versalhes, que pôs fim à Primeira Guerra Mundial), o texto dedica todo o Capítulo II do Título V aos problemas da educação e da Cultura, cabendo estritamente à educação, os arts. 148 a 158, sem dúvida alguma, a mais extensa referência ao tema,*

> *jamais feita pelas Constituições brasileiras, seja antes, seja depois, dessa de 1934.*[22]

De fato, a Constituição de 1934 se afigurou no maior avanço já registrado em matéria educacional no Brasil, ao consagrar de forma definitiva a educação como direito fundamental de todos os cidadãos brasileiros, numa iniciativa sem precedentes na história constitucional que viria a influenciar significativamente não somente as constituições nacionais posteriores, bem como a legislação educacional que surgiria em momentos posteriores da história nacional. A Carta de 1934 se apresentou, efetivamente, como uma Constituição adiantada para a sua época, não somente em razão de regulamentar acerca dos direitos sociais, mas também em decorrência de sua estruturação e sistematização técnicas, estilísticas e procedimentais primarem pelo aperfeiçoamento formal e sistêmico de forma a torná-la uma das maiores obras que a história do constitucionalismo brasileiro tenha registrado no decorrer de sua existência.

Essa realidade em especial relativa à Constituição de 1934, implica inevitavelmente no fato de que, no âmbito estritamente educacional brasileiro, tenham sido registrados avanços e conquistas que viriam a influenciar toda a história constitucional e jurídica da educação nacional posterior à mesma, uma vez que dispôs acerca dos mais diversos assuntos e questões que se afiguravam em objetos da preocupação nacional da época em termos de educação, o que podemos facilmente constatar ao examinarmos o seu texto constitucional. A educação, a partir da Carta de 1934 passou a se tornar uma preocupação de primeira importância nos planos político, jurídico, institucional e social

---

[22] SOUZA, Paulo Nathanael P. de. *O direito educacional no ordenamento jurídico brasileiro*. Monografia. Reitoria, Universidade São Marcos. São Paulo, 1997, p. 60.

nacionais, uma vez que além dessa Constituição garantir a educação como direito de todos, ao dispor que a educação deve ser atribuída como responsabilidade à família e ao Estado, criou também os sistemas de ensino federal, estadual e do Distrito Federal, além do que instituiu os Conselhos da Educação bem como, igualmente relevante para a evolução do conceito da educação como sistema e como direito fundamental de todo cidadão brasileiro, tornou realidade o Plano Nacional de Educação, estratégico para a democratização e difusão das oportunidades educacionais no Brasil. E, enfim, a Carta de 1934, também foi pioneira ao prever a criação da primeira lei educacional a ser concretizada na história do Brasil, isto é, criou as condições jurídicas e tecno-legais para a futura instituição de uma Lei de Diretrizes da Educação Nacional, que se tornara a origem mais remota das LDBs – Leis de Diretrizes e Bases da Educação Nacional –, como poderemos constatar posteriormente ao analisarmos a evolução histórica constitucional e da legislação em matéria educacional.

Os avanços obtidos com a Carta de 1934 em matéria educacional foram notáveis para a sociedade brasileira, fato histórico que podemos depreender ao analisarmos os mais diversos representantes das mais diferentes doutrinas e revistas especializadas na área jurídica e tecno-legal educacional, o que nos impele a observar que todas essas conquistas no plano educacional somente foram obtidas mediante a conjugação dos ideais e esforços progressistas das forças e representantes partidários do avanço da sociedade nacional que pressionaram ativamente em prol da institucionalização constitucional do direito à educação. Essa realidade histórica no plano da evolução constitucional brasileira estava assentada, bem como foi favorecida pelo fato de que a Carta de 1934 se caracterizou por ter sido generosamente rica de inovações na temática social, a qual apesar disso não chegou a ser efetivamente implementada, uma vez que vigorou por apenas três anos, em razão da instauração do regime autoritário do Estado Novo em 1937.[23]

Não obstante a sua curta duração, a Carta de 1934 pela amplitude e pela intensidade das garantias sociais que introduzira em seu texto constitucional, viria a influir em toda a história constitucional posterior do Brasil, e além disso, os seus avanços foram centrais para toda a evolução jurídica e tecno-legal brasileira futuras em matéria de educação, tanto como sistema quanto como direito fundamental, segundo a análise corroboradora de tal realidade efetuada por Paulo Bonavides a seguir:

> *Assim é que fixou na competência da União o estabelecimento de um plano nacional de educação ao mesmo passo que fez gratuito o ensino primário. Dispôs também sobre a criação por lei de um Conselho Nacional de educação e instituiu percentuais mínimos de renda tributária a serem aplicados na manutenção e no desenvolvimento dos sistemas educativos.*[24]

A Carta Constitucional de 1934 vigorou por apenas três anos em razão do advento no Brasil do regime ditatorial do Estado Novo de Vargas em 1937, que implicara na elaboração e na implantação de uma nova constituição de cunho autoritário e centralizante tal como foi a Constituição de 1937, designada de "polaca" por haver se inspirado na Constituição polonesa de 1935. De fato, com a Constituição de 1937 registrara-se um retrocesso no âmbito da educação brasileira, o que podemos facilmente constatar ao analisarmos o seu texto constitucional mediante o qual:

---

[23] SOUZA, op cit.
[24] BONAVIDES, Paulo. *História constitucional do Brasil*. 3ª ed. Rio de Janeiro: Paz e Terra, 1991, p. 327.

*A Constituição de 1937, ditatorial e centralizadora, abandonou as ideias de sistemas de ensino e da lei de diretrizes, passado toda a normatividade da ação educativa para o Ministério da Educação. As bases (é a primeira referência constitucional a esse termo) e as diretrizes seriam da competência privativa da União e seriam baixadas, não por leis, mas por atos do Poder Executivo. O breve capítulo dedicado aos assuntos de educação, nessa Carta imposta à nação pela ditadura varguista, continha apenas seis artigos (do 128 ao 133).*[25]

Consequentemente, a Constituição de 1937 constituiu-se naquela época em um retrocesso em termos da conquista da educação como direito fundamental para todos os estratos sociais que compõem a sociedade brasileira, uma vez que esta Carta privilegia o ensino tecnicista em detrimento do ensino da cultura geral, com efeitos negativos para a população brasileira em geral. De fato, a Carta Constitucional de 1937 refletiu uma visão autocrática e centralizadora da vida nacional, sobretudo no que diz respeito ao acesso aos direitos sociais às mais diversas camadas da sociedade brasileira, dentre os quais, a educação, uma vez que as forças políticas e sociais que conduziram à implantação da ditadura do Estado Novo em 1937, visavam apenas a atender às necessidades de uma maior qualificação e formação da mão-de-obra para satisfazer as exigências do crescimento do setor industrial da economia nacional da época que se caracterizava por uma significativa ascensão das atividades industriais no Brasil daquele momento histórico.

Verificou-se, então, uma involução no desenvolvimento concepcional, tecno-legal e jurídico da educação brasileira

---

[25] Cf. SOUZA, 1997, p. 61.

como direito de todos os cidadãos, assim como, um retrocesso enquanto modelo educacional que possa de fato atender às necessidades sociais da sociedade nacional. Isto implicou em um atraso na positivação jurídica de preceitos constitucionais que viessem a contemplar e a assegurar a educação como um direito de todos os cidadãos brasileiros. Por outro lado, o Estado Novo caracterizou-se também por iniciativas legais positivas em matéria educacional, as quais estão consubstanciadas nas designadas Leis Orgânicas, que implementavam a reforma do ensino secundário operado pelo então Ministro da Educação Gustavo Capanema, mediante decretos-leis que foram editados pelo Estado Novo, que em conformidade com os referidos documentos legais reformulara-se o ensino profissional nacional.

Dentre as reformas implementadas pelo Ministro Capanema no período do Estado Novo, as quais resultaram nas denominadas Leis Orgânicas da Educação Brasileira, devemos destacar as que regulamentaram o Ensino Industrial em 1942, o Ensino Comercial em 1943 e o Ensino Agrícola em 1946, mediante os respectivos Decretos-leis n. 4.073 de 30 de janeiro de 1942, n. 6.141 de 28 de dezembro de 1943 e n. 9.613 de 28 de agosto de 1946. As referidas leis tinham por objetivo o de implantar no Brasil um sistema centralizado e articulado de ensino intrapartes, que contemplaram em seu bojo jurídico os ensinos público e particular por meio do mecanismo da equiparação, o qual implicava em efeitos legais relativamente às escolas privadas que aceitassem a fiscalização federal.

Para além disso, enfatiza-se o fato de que tanto o Decreto-lei de 1942, relativo ao ensino industrial quanto o de 1946 relativo ao ensino agrícola, incluem em seu bojo intrínseco um artigo no qual são especificados e determinados os interesses aos quais as referidas leis devem atender. É igualmente importante ressaltar que, no que diz respeito às finalidades do ensino profissional, os três Decretos-leis referentes aos ensinos industrial, comercial e agrícola se caracterizam pelo fato de coincidirem no que tange a três delas, sendo que em primeiro lugar, dispõem eles acerca da necessidade de se qualificar profissionais habilitados para o exercício de atividades específicas do setor, bem como proporcionam aos trabalhadores, sejam jovens ou adultos não diplomados, uma oportunidade de serem beneficiados por uma qualificação profissional que melhore a sua produtividade, além de dispor acerca do aperfeiçoamento e melhoramento dos conhecimentos e habilidades técnicas de trabalhadores que já possuam diploma ou habilitação para tal. E, finalmente, é da mesma forma digno de nota ressaltar um dispositivo legal de notável relevância do Decreto-lei que regulamenta o ensino industrial: essas leis se afiguraram à sua época em avanços para a educação técnica e profissionalizante nacional em razão do fato de que tinha como finalidade divulgar conhecimentos que possibilitem a atualização técnica dos trabalhadores por ela contemplados.

É igualmente digno de nota nessa época concernente às reformas conduzidas pelo Ministro Gustavo Capanema do Estado Novo, a criação do SENAI – Serviço Nacional de Aprendizagem Industrial mediante o Decreto-lei n. 4.048 de 22 de janeiro de 1942 e a instituição do SENAC – Serviço Nacional de Aprendizagem Comercial, mediante o Decreto-lei n. 8.621 de 10 de janeiro de 1946. Essas leis promulgadas pelo então Ministro Gustavo Capanema da Educação, no período do Estado Novo, as denominadas Leis Orgânicas da educação, desempenharam o seu papel na contribuição efetiva para a evolução constitucional como tecno-legal em matéria educacional nacional, relativamente aos períodos posteriores da história brasileira, bem como legaram benefícios para o desenvolvimento do ensino técnico e profissionalizante, cujos efeitos se fazem sentir até a atualidade.

Entretanto, com o retorno do Brasil à normalidade democrática em 1945, após o fim do Estado Novo em outubro desse ano, o país elegera uma nova Assembleia Constituinte que iria elaborar a Constituição de 1946, a qual retoma o mesmo teor progressista da Carta de 1934, uma vez que a mesma, a exemplo daquela também, admite e consagra a educação primária como sendo gratuita e obrigatória, o que se constituiu em um avanço para a educação como direito fundamental no Brasil da época. Essa nova Constituição, além disso, se afigura como sendo pioneira na assistência educacional aos filhos dos trabalhadores; dispõe que o ensino religioso consta como disciplina facultativa da grade curricular das escolas brasileiras; dispõe também sobre as condições para provimento do cargo de professor para os graus de ensino secundário e superior oficiais; e assegura a liberdade de cátedra, vindo a se constituir em outro avanço notável do constitucionalismo brasileiro no plano educacional.

Relativamente à questão educacional e às matérias a ela relacionadas a Constituição de 1946, foi de fato o oposto do que foi a de 1937, ou seja, recuperou praticamente todo o atraso que se verificara no campo educacional após a Constituição de 1937, além de ampliar a educação como direito fundamental frente à esta última. A Carta de 1946 também dispôs pela primeira vez na história constitucional brasileira, com clareza e objetividade, em seu art. 5º, XV, *d*, que cabe à União legislar sobre as Diretrizes e Bases da Educação Nacional (LDB), o que ensejaria a elaboração e a criação da primeira LDB brasileira com a Lei n. 4.024/61, após treze anos de debates no Congresso Nacional da época. Essa disposição constitucional que atribuirá à União a competência para legislar acerca das Diretrizes e Bases da Educação Nacional se constituíra no maior avanço no constitucionalismo brasileiro até então, uma vez que possibilitou que surgisse toda uma legislação condensada que trata especificamente de matéria educacional, isto é, as denominadas LDBs, vindo a Carta de 1946 a se afigurar, neste aspecto, como a mais adiantada até a época de sua promulgação.

De fato essa disposição constitucional da Carta de 1946, que assegurou a criação da legislação educacional para o Brasil em âmbito nacional, foi igualmente benéfica não somente como forma de consolidar a educação como direito fundamental de todos os cidadãos brasileiros, como igualmente facilitou a democratização do acesso às oportunidades educacionais, além de favorecer o aperfeiçoamento do modelo educacional brasileiro sob os pontos de vista sistêmico e organizacional, Esses avanços também reverteram positivamente para a garantia da educação como direito à um número cada vez maior de brasileiros em razão da eficácia de seus resultados. A Constituição de 1946, a exemplo da Carta de 1934 foi inovadora e eficaz no que tange às questões educacionais nos planos jurídico e tecno-legal, realidade essa que não pode ser contestada e que pode ser confirmada na citação que se segue:

> *Embora a pesquisa tivesse se centrado na Constituinte, há alguns desdobramentos da Carta de 1946 que merecem registro. Realmente com ela começa o ciclo das leis de diretrizes e bases. A Lei n. 4.024/61 permitiu a descentralização da educação da esfera federal para a estadual, com a institucionalização dos sistemas de educação e recriação dos Conselhos de educação com funções normativas.*[26]

Esse conjunto de discussões efetuadas anteriormente nos permite comprovar objetivamente que a Carta de 1946 se afigura

---

[26] Edivaldo Machado Boaventura *apud* FÁVERO, Osmar. (org.). *A educação nas constituintes brasileiras*. 2ª ed., rev. e ampl. 1823–1988. Campinas: Autores Associados, 2001, p. 196.

em um divisor de águas para a história constitucional brasileira em matéria educacional, pelo simples fato de que ao atribuir a mesma competência para a união legislar a respeito das Diretrizes e Bases da Educação Nacional, abriu decisivamente o caminho para a plena consagração da educação como direito fundamental na Constituição de 1988, atualmente em vigor no Brasil. A Carta de 1946, portanto, ao criar as primeiras bases e pressupostos legais e jurídicos para que se pudessem posteriormente criar as primeiras leis especificamente educacionais no Brasil, tornou possível o surgimento de uma legislação educacional propriamente dita com todas as características e elementos próprios de forma à viabilizar, por sua vez, o surgimento progressivo de um novo ramo das modernas ciências jurídicas, em gradual processo de autonomização e de célere evolução que vem a ser o direito educacional, atualmente em franca e evidente ascensão.

Os resultados da Constituição de 1946 foram, a exemplo da Carta de 1934, altamente positivos para a evolução na forma de conceber a educação como direito fundamental e no modelo educacional que mais se aproxime de uma modalidade ideal para um país repleto de problemas como é o Brasil no âmbito especificamente educacional, o que logicamente ensejou a necessidade de se criar uma legislação versada em matéria educacional. A partir do referido texto constitucional foi efetivamente viabilizada dando margem à eclosão futura de um novo ramo autônomo dentro do direito hodierno, o Direito Educacional. Consequentemente, não há como negar o argumento a favor do fato de a Carta de 1946 ter se afigurado no maior avanço para o Brasil em matéria educacional até o advento da Constituição de 1988, atualmente em vigor no país e com um número consideravelmente superior de disposições e de preceitos constitucionais relacionados à educação como um todo, vindo a Constituição de

1946 de certa forma a se afigurar em uma precursora da atual Carta Constitucional Brasileira, nesse âmbito legal específico.

A Constituição de 1946 se notabilizou por, definitivamente, ter aberto o caminho para a atual Carta de 1988, ao consagrar de forma completa e abrangente o direito ao ensino gratuito não somente no grau primário do sistema educacional, vindo a democratizar a educação, bem como, à ampliar sensivelmente o acesso ao direito e às oportunidades educacionais no Brasil desde então. De fato, esse outro caráter de precursora da Carta de 1946 da atual Constituição de 1988 pode ser claramente constatado a partir da afirmação que se segue:

> [...] o que é pontuado nesta Constituinte é a tendência à gratuidade para além do ensino primário. Contudo, é bom que se diga, de novo perspectivamente, que só a Constituição Federal de 1988 abrigará a plenitude da gratuidade no âmbito oficial.[27]

Ao mesmo tempo, a Constituição de 1946 teve o mérito de contribuir significativamente para a delineação e edificação objetivas de um modelo educacional que no decorrer do período em que a mesma vigorou, ou seja, por mais de vinte anos até a Constituição de 1967, se afigurou no sistema de ensino que mais avanços representou na história educacional brasileira, tanto em termos de assegurar a educação como um direito fundamental como na acepção de sistema educacional. Diante de tudo isso,

> Pode-se afirmar que a Carta de 1946 preceituou uma organização equilibrada do sistema educacional brasileiro, mediante um formato administrativo e pe-

---

[27] FÁVERO, op cit., p. 10.

> *dagógico descentralizado, sem que a União abdicasse da responsabilidade de apresentar as linhas-mestras de organização da educação nacional. Nela, há muito das ideias e do espírito do Manifesto dos Pioneiros da educação Nova, de 1932. Foi a partir desta percepção que o Ministro da educação de então, Francisco Mariani, oficializou comissão de educadores para propor uma reforma geral da educação nacional. Aqui a origem da Lei 4.024/61, Lei de Diretrizes e Bases da educação Nacional, nossa primeira LDB, somente aprovada pelo Congresso Nacional depois de uma longa gestação de onze anos.[28]*

Por conseguinte, foi a partir da Carta de 1946 que se abriu caminho à efetiva criação da legislação educacional brasileira, a qual teve como primeiro marco legal a Lei n. 4.024/61 que promulgou a primeira LDB – Lei de Diretrizes e Bases da Educação Nacional –, em 20 de dezembro de 1961. Esta Lei se caracterizou basicamente por flexibilizar a estrutura do ensino nacional, de forma a possibilitar o acesso ao ensino superior, sem submeter-se necessariamente ao pressuposto obrigatório da modalidade específica do curso a que o aluno visado já tivesse efetuado em seu histórico escolar. A Lei n. 4.024/61, caracterizou-se por delinear e definir, a organização e a estruturação gerais do sistema educacional brasileiro, ao estabelecer quatro graus ou níveis de ensino na educação nacional, ou seja, ao discriminar e conceituar, efetivamente, o Ensino Primário, o Ciclo Ginasial do Ensino Médio, o Ciclo Colegial do Ensino Médio e o Ensino Superior. Além disso, a referida lei também divisou com relativa clareza as diversas dimensões do sistema educacional nacional por ela construído.

---

[28] CARNEIRO, Moaci Alves. *LDB fácil*: leitura crítico-compreensiva: artigo a artigo. Petrópolis, RJ: Vozes, 1998, p. 21.

Essa situação tecno-legal inovadora, originada pela Lei n. 4.024/61, foi a responsável por uma autêntica reestruturação agilizadora da estrutura e da organização sistêmica do modelo adotado até então em termos de educação brasileira, como também, garantiu a sustentação financeira da educação pública. Esses avanços possibilitaram uma maior democratização das oportunidades educacionais até essa época no país, contribuindo em boa medida para o fortalecimento da educação como direito fundamental dos cidadãos brasileiros. Esses avanços da primeira LDB brasileira podem ser detectados e identificados, objetivamente, sobretudo, em razão de que o texto da Lei 4.024/61, numa clara posição conciliatória, estabelece que os recursos públicos 'serão aplicados preferencialmente na manutenção e desenvolvimento do sistema público de ensino'. E em seguida, regula a concessão de bolsas e a cooperação financeira da União com Estados, Municípios e iniciativa privada sob a forma de subvenção, assistência técnica e financeira "para compra, construção ou reforma de prédios escolares e respectivas instalações e equipamento".[29]

De fato, a Lei 4.024/61 – a primeira LDB brasileira – auxiliou no processo de ampliação e de democratização das oportunidades educacionais, vindo a favorecer sensivelmente a observância da educação como direito fundamental dos cidadãos brasileiros. Essa Lei também contribuiu notável e significativamente para o aperfeiçoamento e para o amadurecimento do modelo educacional nacional, o que veio, por si só, a se constituir nas primeiras manifestações concretas do direito educacional, numa antevisão do que viria a acontecer nas décadas posteriores. A primeira LDB brasileira se afigurou, portanto, em uma modalidade tecno-legal avançada para a sua época, ainda que tenha sido tardia a eclosão da legislação educacional no país, criando as primeiras bases para

---

[29] Cf. SAVIANI, 1999, p. 20.

a futura criação do direito educacional, atual ramo ascendente do direito brasileiro.

Essa análise positiva da Lei n. 4.024/61, pode ser facilmente confirmada quando se verifica que foi essa Lei que efetivamente possibilitou uma maior democratização do acesso às oportunidades educacionais, vindo a contribuir significativamente para a ampliação do direito à educação junto às camadas populares brasileiras, tornando o respeito a sua observância mais rigoroso. Atentemos para o fato de que a primeira LDB brasileira manteve a estrutura educacional advinda das reformas do Ministro Gustavo Capanema efetuadas no âmbito educacional, na década de 40 no Brasil, com finalidades progressistas, o que pode ser depreendido com base nos ensinamentos de Dermeval Saviani, que se segue:

> *Do ponto de vista da organização do ensino a LDB (Lei 4.024/61) manteve, no fundamental, a estrutura em vigor decorrente das reformas Capanema, flexibilizando-a, porém. Com efeito, do conjunto das leis orgânicas do ensino decretadas entre 1942 e 1946 resultou uma estrutura que previa, grosso modo, um curso primário de quatro anos seguido do ensino médio com a duração de sete anos dividido verticalmente em dois ciclos, o ginasial de quatro anos, e o colegial, de três anos, divididos horizontalmente, por sua vez, nos ramos secundário, normal técnico sendo este, por seu turno, subdividido em industrial, agrícola e comercial.*[30]

A Lei 4.024/61 se constituiu para a sua época, em um avanço sem precedentes no que tange ao âmbito educacional brasileiro, uma vez que tornou possível que um número maior de pessoas

---

[30] SAVIANI, op cit, p. 20.

viessem a ser beneficiadas com a expansão do direito à educação bem como mediante a estruturação do sistema educacional de forma a fazer do mesmo um modelo educacional definido e moldado de forma a objetivamente organizá-lo sistemática e organicamente, como nunca se intentara antes no plano educacional nacional. Esse legado positivo da primeira LDB brasileira, no entanto, produziu alguns resultados benéficos para a educação nacional de então, como por exemplo, o surgimento de diversas iniciativas volvidas no sentido de se criarem novas universidades no Brasil na década de 60, ou ainda, mediante a criação de algumas instituições e órgãos de ensino, promotores dos ensinos técnico e profissionalizante, previsto pela primeira LDB, consubstanciado esse último exemplo no aumento significativo da instituição de escolas técnicas federais no país desde então.

Finalmente vale ressaltar no que tange à primeira LDB brasileira, que a conjugação do binômio do princípio da garantia do Estado em disponibilizar o acesso à educação popular, bem como o da igualdade de condições que colocaram no mesmo plano escolas públicas e privadas relativamente à alocação de recursos públicos, cuja consagração pela Lei 4.024/61, aliada à um significativo grau de atuação personalista e centralizadora dos líderes populistas de então, foram os responsáveis para que a demanda solicitadora por mais acesso à educação popular acarretasse no redirecionamento da ação estatal volvida, tão-somente à ampliação da oferta de um ensino não popular deficiente e ineficaz em termos práticos. Essa realidade histórica, subsequente à aprovação da Lei 4.024/61 de 20 de dezembro de 1961, revelou, portanto, o caráter exclusivista da sociedade brasileira de então que apesar de proclamar o direito ao ensino público e à ampliação do direito ao ensino superior, produzindo uma lei técnica e organicamente avançada para a época, na verdade restringiu o acesso à esse fundamental direito por parte das classes menos favorecidas, uma vez que os ensinos técnico e profissionalizante não refletem as efetivas aspirações profissionais dessas mesmas camadas da população brasileira, mas apenas a condição de classe que de fato ditava as normas e limitava as vagas de acesso aos graus de ensino profissionalizante. Este fato se constituiu, por si só, em mais uma ilusão das camadas populares de ascensão social frustrada pelas classes dominantes da época.

A Lei 4.024/61 que conduziu à primeira Lei de Diretrizes e Bases da Educação Nacional no Brasil de então, portanto, ainda que tenha se constituído em uma lei formal e materialmente adiantada, não conseguira resolver na prática as problemáticas fundamentais da educação brasileira, uma vez que não disponibilizou de fato o direito à educação como direito fundamental às camadas menos favorecidas da sociedade brasileira. Esta LDB tampouco favoreceu a redução do analfabetismo no país, embora tenha contribuído notavelmente para a definição de um modelo educacional orgânica e objetivamente organizado e estruturado, e para a manutenção da qualidade no conteúdo escolar e acadêmico a ser ministrado nas suas respectivas instituições de ensino. Esse período da história política e institucional brasileira, em que se deu a aprovação da primeira LDB, isto é, os primeiros anos da década de 60, se caracterizou pela instabilidade e pela fragilidade das instituições democráticas do país, de uma forma tal que viria a desaguar na crise da renúncia do então presidente João Goulart e na Revolução Militar com o golpe de 1 de abril de 1964, que dera origem ao regime militar e à ausência de direitos fundamentais e liberdades democráticas durante mais de vinte anos, período em que perdurara no Brasil o governo de exceção liderado pelos militares.

Esse contexto histórico, lógica e inevitavelmente influenciou todos os setores da vida nacional da época, e, no campo educacional não seria diferente, pelo simples fato do regime militar ter adotado, desde os primeiros momentos de sua instauração em abril de 1964, uma concepção e uma filosofia educacionais que refletiam uma visão essencialmente capitalista da economia, dos sistemas de produção e da sociedade brasileiras, caracterizada pelo predomínio da orientação privatizadora, dos valores mercadológicos bem como da noção de centralização da vida nacional. Logicamente, esse conjunto de medidas adotadas pelo regime militar, de caráter notadamente liberal ideologicamente falando, conduziu inexoravelmente ao gradual aumento da concentração de renda e das desigualdades sociais, acarretando por sua vez no agravamento das questões sociais no Brasil durante o período militar, compreendido entre 1964 e 1985.

Essa visão capitalista e liberal da vida nacional, que caracterizou a linha de ação dos militares que dominaram o cenário político brasileiro após o golpe de 1964, repercutiu consideravelmente na adoção, como reflexo inelutável dessa realidade em especial, de um modelo educacional no qual se privilegiou o privatismo na educação e a redução do crescimento da rede pública de ensino. Esta nova orientação veio, como consequência, obstruir significativamente ou até mesmo a anular o conceito de educação pública e gratuita para todos os segmentos da população brasileira da época. Esse conjunto de fatores e de concausas de ordem política, econômica, social e cultural que se produziram no Brasil após o golpe militar de 1964, portanto, foram os principais responsáveis por um retrocesso no plano educacional, reflexo de uma política econômica de natureza capitalista fundamentada no crescimento da indústria dependente de investimentos externos e na privatização das atividades produtivas e dos serviços públicos, o que acarretou num notável acentuar-se da concentração da riqueza nacional e das desigualdades sociais no Brasil.

Esse quadro geral, obviamente, não poderia deixar de exercer influxos relativamente a um setor estratégico como é a educação para um país em desenvolvimento como era e é o Brasil, uma vez que as modificações de ordem política, econômica e social seguiram-se as de cunho institucional e política representadas pela elaboração e sanção pelos governos da ditadura militar das três outras LDBs – Leis de Diretrizes e Bases da Educação Nacional, isto é as Leis n. 5.540/68, n. 5.692/71 e n. 7.044/82, bem como das duas Constituições brasileiras do período, a de 1967 e a de 1969, respectivamente. A princípio, faz-se necessário frisar que, tanto essas três LDBs, como essas duas Constituições, foram elaboradas sob a óptica de um espírito essencialmente autoritário, centralizador, capitalista e repressor dos direitos e liberdades fundamentais da vida humana, o que não impediu que tenham sido registrados notáveis avanços no campo específico dos direitos fundamentais, como se verificara no texto constitucional de 1969, que consagrara a educação como dever do Estado, a ser assegurado e garantido o seu direito correspondente pelo poder estatal.

Mas se concentrarmos as nossas atenções sobre as Constituições de 1967 e de 1969 elaboradas e vigentes durante o período da ditadura militar brasileira, é indispensável atentar que as Leis n. 5.540/68 e 5.692/71 relacionadas às reformas do ensino superior e dos ensinos de 1º e de 2º graus respectivamente, foram marcadas pelo construtivismo sócio-político, bem como pelo eficientismo técnico-econômico, traços esses últimos que caracterizaram as ideias e a mentalidade liberais dos governos militares, que se sucederam ao golpe de 1964 no Brasil. Essas características, logicamente, resultaram na elaboração e na execução concretas de uma LDB como a Lei n. 5.540/68, que ao visar reformar o ensino superior em consonância com a ideologia capitalista endossada pelos militares então no poder, refletem, dessa forma, uma visão privatista e mercadológica da educação superior. Essa reforma, por sua vez, veio a se constituir em um atraso para a educação universitária brasileira como um todo, uma vez que impediu o desenvolvimento de um ensino superior norteado pelo incentivo à cultura e caracterizado pela participação dos estudantes universitários às questões referentes aos procedimentos de administração e gestão internas das respectivas instituições. Contrariamente à Lei n. 5.540/68, efetuada pelos militares na época, adotou-se o modelo norte-americano de créditos e, portanto, fragmentou a unidade estrutural, sistêmica e operacional do ensino superior com evidente prejuízo aos alunos, cujos efeitos fazem se sentir até a atualidade, embora que a mesma lei tenha se destacado também de forma positiva ao classificar os cursos de nível superior em cursos de curta duração, de licenciatura e de pós-graduação.

A Lei da Reforma do Ensino Superior, a Lei n 5.540/68, se constituiu efetivamente em um outro retrocesso provocado pelos militares para o desenvolvimento de um modelo eficaz de ensino superior no Brasil, porque adequou essa fundamental modalidade de ensino no país para atender tão-somente aos interesses das empresas, das indústrias e do mercado, na acepção mais especificamente tipificadora de tais termos. Com base na Lei n. 5.540/68 de 28 de novembro de 1968,

> [...] *extinguia-se a cátedra, a estrutura de universidade passava a ser prioritária como forma de organização do ensino superior, o ensino, a pesquisa e a extensão assumiam a natureza privada, via instituições isoladas, e o instituto da autonomia não conseguia se afirmar, encalhado pelas injunções de natureza financeira.*[31]

---

[31] Cf. CARNEIRO, 1998, p. 26.

Apesar disso, é preciso da mesma forma sublinhar que, ao lado da Lei n. 5.540/68, ou da Reforma do Ensino Superior, que por motivos ideológicos e políticos se constituiu em um retrocesso para o ensino universitário no Brasil, vale assinalar também a Lei n. 5.692/71, de 11 de agosto de 1971, a qual reformulara os ensinos de 1º e de 2º graus, que ao tornar todo o sistema de ensino referente à esses graus em especial, igualmente se constituiu em um retrocesso para a efetiva resolução das problemáticas educacionais no país. Por outro lado, a terceira LDB brasileira, a Lei n. 5.692/71, possibilitou o crescimento no número de disciplinas obrigatórias em todo o Brasil, apesar de causar danos à liberdade de reforma curricular a ser operada pelos sistemas estaduais de ensino e respectivas instituições, no que tange ao aspecto de inserirem novas disciplinas em seu bojo; apesar de impedir que disciplinas de natureza reflexiva e indagacional, tais como a sociologia e a filosofia, que viessem a desenvolver o espírito crítico e questionador dos alunos, constassem da grade curricular do nível de ensino em particular e que antes da reforma eram ministradas.

A Lei n. 5.692/71, relativa à reforma dos ensinos de 1º e 2º graus, portanto, tal como constatamos acima, também se constituiu em mais um equívoco cometido pelos militares durante o período em que perdurara o regime de exceção por eles liderado. Isto aconteceu pelo simples fato de que, ao retirar da grade curricular matérias essencialmente zetéticas como a filosofia, a sociologia e a psicologia relativa à esses graus de ensino em especial e ao tempo que introduziu no mesmo o ensino profissionalizante obrigatório, desferiu um golpe na possibilidade de os alunos brasileiros serem dotados de uma adequada formação humanística e científica que de fato os preparasse e qualificasse para o acesso ao ensino universitário e, logicamente, para a vida profissional, logo em seguida. De fato, essa medida efetuada no campo educacional relativa aos 1º e 2º graus, se revelou altamente nociva para a formação e habilitação profissional futura dos alunos desses graus de ensino em especial, o que fez com que os mesmos praticamente viessem a ser gradual e inevitavelmente despreparados e, obviamente, excluídos do mercado de trabalho, em qualquer área de atuação profissional que viessem futuramente a atuar, vez que as disciplinas como filosofia e sociologia, além de serem reflexivas e desenvolverem os espíritos crítico e questionador dos alunos em geral, também se constituem na origem fundamental de todos os ramos do conhecimento da atualidade, quer sejam ciências exatas, humanas e sociais. Daí a gravidade da extensão do erro provocado pela Lei n. 5.692/71.

Essa realidade histórica incontestavelmente evidenciada ao analisarmos a Lei n. 5.692/71, de 11 de agosto de 1971, cuja tecnicização compulsória dos 1º e 2º graus de ensino brasileiros de então por ela consagrada e dela decorrente pode ser facilmente compreendida em virtude do fato de que:

> *Na verdade, a filosofia desta reforma, tinha como objetivo implícito, a formação de mão-de-obra barata, para sustentar a burguesia capitalista e barrar as classes populares na corrida pelas universidades, para serem instituições criadas para uma classe privilegiada. Na verdade, tal lei foi mais uma traição à grande massa, pois não atendia aos interesses da população do país, nem pessoal nem profissionalmente. Isso foi tão claro que houve necessidade de revogá-la por ineficácia.*[32]

De certo, a Lei n. 5.692/71, em razão da forma e do espírito pela qual foi elaborada e definida pelo governo militar de então,

---

[32] ARAÚJO, João E. das Neves. *Ensino público*: algumas ideias associadas ao direito à educação no Brasil. In: Iº CONGRESSO INTERNACIONAL EM EDUCAÇÃO DA UFPI, n. 2, 1997, pp. 26-27.

não atendia efetivamente aos interesses nacionais no que diz respeito a essa modalidade específica de educação, vindo a referida lei a ser inevitavelmente ineficaz no que tange aos objetivos a que se propôs inicialmente, tornando-se logicamente inadequada e ultrapassada em relação aos reais anseios e necessidades educacionais da sociedade brasileira. A profissionalização obrigatória inserida em seu bojo, ao substituir uma modalidade de ensino caracterizada até o advento da referida lei pelo ensino de matérias reflexivas e de natureza zetética, tais como a filosofia e a sociologia, foi efetivamente nefasta para a educação brasileira como um todo desde então, já que privilegiou a formação e a qualificação da mão-de-obra para atender, tão-somente, às exigências do setor industrial e empresarial da economia da época, em detrimento dos efetivos interesses educacionais e formacionais nacionais daquele período em especial.

Cabe ressaltar que todas essas Leis (n. 4.024/61, 5.540/68 e 5.692/71 e a de n. 7.044/82) e, sobretudo, a atualmente em vigor – Lei n. 9394/96 –, se constituem em leis modernas, técnica e organicamente estruturadas, vindo as mesmas a se constituírem em termos tecno-legais e jurídicos em leis corretamente elaboradas, construídas e sancionadas, além de adiantadas e eficazmente estruturadas relativamente às épocas em que foram edificadas, técnica, legal e juridicamente falando. De fato, se formos analisar apenas os aspectos técnicos, legais e jurídicos que compõem o bojo de cada uma das cinco LDBs, com destaque à Lei n. 9.394/96, ou seja à LDB atualmente em vigor, constataremos que todas elas foram delineadas, elaboradas, edificadas e sancionadas seguindo-se todos os trâmites, técnicas, métodos e práticas procedimentais próprias de toda e qualquer modalidade de lei moderna que adote a técnica jurídica da atualidade.

A questão da profissionalização obrigatória, entretanto, um dos equívocos da Lei n. 5.692/71, ou lei da reforma dos ensinos de 1º e 2º graus, somente será resolvida, mediante a quarta LDB brasileira, ou sejam, a Lei n. 7.044/82, de 18 de outubro de 1982, que, ainda no período da ditadura militar, revogou o caráter de obrigatoriedade instituída pela Lei n. 5.692/71 ao torná-la, a partir dessa outra lei, uma faculdade conferida aos estabelecimentos educacionais desses graus de ensino de oferecer ou não a habilitação profissional, resolvendo esse erro cometido pela Lei n. 5.692/71. A entrada em vigor da Lei n. 7.044/82, se constituiu basicamente na prova que faltava para demonstrar a falta de visão e de comprometimento político dos governos militares para com as questões educacionais no Brasil, uma vez que aqueles governos fracassaram mais uma vez ao determinarem a obrigatoriedade da profissionalização nos ensinos de 1º e 2º graus nacionais por meio da discutida Lei n. 5.692/71. Esta é uma realidade incontestável que viria a ser confirmada por dados e estatística que demonstram a falência da profissionalização obrigatória e sua necessidade de revogação, daí a elaboração dessa última lei – Lei n. 7.044/82 –, ainda sob a égide do período do regime militar. Esta Lei foi necessária para corrigir mais esse equívoco realizado pelo governo militar, cuja informação pode ser ratificada pelo seu dispositivo legal, o qual textualmente dispõe que a "Lei 7.044/82 – revoga a 'profissionalização' obrigatória, tornando-a opcional, perdurando até hoje com oferta desses cursos em algumas escolas técnicas federais, estatais e particulares".[33]

Diante das discussões sobre o assunto haveremos de admitir que, apesar das primeiras LDBs e a atualmente vigente, terem sido consideradas como boas leis, sob o ponto de vista jurídico e tecno-legal, contudo, relativamente ao seu objeto e conteúdo material é necessário salientar que essas leis não solucionaram as problemáticas educacionais brasileiras, porque elas se consti-

---

[33] ARAÚJO, op cit., p. 27

tuíram em um reflexo da ideologização capitalista da educação, de uma visão equivocada da realidade social e econômica de então, que vigia naquela época.

Todavia, a análise relativa ao período militar não revelar-se-á satisfatória sem que, a seu tempo, examinemos as Constituições de 1967 e de 1969, ambas outorgadas no período do regime militar pós-golpe de 1964 no Brasil. Essas Cartas se caracterizaram por refletir uma realidade política, econômica, social e cultural marcada pelo autoritarismo e pelo desrespeito aos direitos fundamentais e liberdades democráticas.

Essa situação circunstancial histórico-política influenciou obviamente no âmbito específico da educação brasileira de então, vindo a obstacular significativamente o intento de se fazer da educação um direito fundamental de todos os cidadãos brasileiros, o que, por sua vez, influiu no teor intrínseco da delineação, elaboração e definição das primeiras leis educacionais, vindo a comprometer todo o texto das LDBs sob esse ponto de vista em especial.

O texto constitucional outorgado pelos militares após o golpe de 1964 – Constituição de 1967 – refletiu a visão essencialmente autocrática e centralizadora e ao mesmo tempo capitalista e privatista do poder e da organização da sociedade em todos os planos da vida nacional de então, numa reconstituição do pensamento liberal e autoritário dos militares do período compreendido entre os anos de 1964 e 1985 da história política, institucional e constitucional brasileiras. A Carta de 1967 se caracterizou notadamente pelo seguinte: resguardava apenas textual e juridicamente a obrigatoriedade do ensino primário; assegurava a concessão de bolsas e, ao mesmo tempo omitia-se quanto à garantia do estabelecimento de um conjunto de impostos que subvencionariam o ensino público da época.

Deste modo, a Carta de 1967, resguardou os direitos fundamentais, apenas parcialmente, dada a natureza autoritária do regime de exceção que a elaborou no Brasil de então, com todos os condicionantes políticos, ideológicos e culturais que nela influíram, vindo, como consequência de tudo isso, a não avançar relativamente à consagração da educação como um direito fundamental, com óbvias repercussões na Lei n. 5.540/68, que reformava o ensino superior da época. Essa realidade pode ser confirmada quando Messias Costa comunica que:

> *No que toca à educação, em grande parte tratada no título 'Da Família, da educação e da Cultura', ampliava a obrigatoriedade do ensino primário, dos sete aos quatorze anos, omitia a fixação de percentuais de impostos para a manutenção e o desenvolvimento do ensino, sob a alegação de que 'tal vinculação era incompatível com a sistemática orçamentária introduzida pela nova Constituição', e previa a concessão de bolsas de estudos, mediante restituição, em substituição ao regime de gratuidade no ensino médio e superior, entre outras disposições.*[34]

Com base na afirmação tecida anteriormente, não temos como discordar do evidente fato de que a Constituição Brasileira de 1967, apesar de algumas disposições textuais esparsas sobre a educação de forma específica, na verdade se afigurou como um retrocesso no que concerne ao resguardo da educação como direito fundamental se comparada com o texto constitucional da Carta de 1946. Este fato foi evidenciado pelas análises dos constitucionalistas brasileiros da atualidade. Não há como negar, portanto, que a Carta de 1967, resultou de uma concepção educacional incorreta e equivocada, de uma visão autocrática e centralizadora e ao mesmo

---

[34] Cf. COSTA, 2002, pp. 17-18.

tempo capitalista e privatista dos militares que lideraram o regime ditatorial instaurado no Brasil desde 1964, com implicações negativas também para a correta estruturação e regulamentação legal e jurídica do sistema educacional e da educação como direito, acarretando, por sua vez, em objetivos e pressupostos errados na produção de toda uma legislação educacional.

A Carta de 1967, portanto, se constituiu em mais um retrocesso na história constitucional brasileira no que tange à educação como direito fundamental e sua correspondente garantia pelo poder estatal, vindo esta a retardar novamente a concepção e resguardo da educação como direito básico de todos os cidadãos brasileiros, uma vez que ainda que tenha contemplado o princípio da igualdade de oportunidade educacionais, da obrigatoriedade do ensino primário e secundário e da educação como direito de todos perfeitamente consagrados pelo seu texto constitucional, não foram os mesmos observados na prática pelo então regime militar. De fato, apesar das contradições observadas ao analisarmos a realidade da época, devemos reconhecer que a Carta de 1967 não representou uma Constituição completamente omissa no que diz respeito à consagração da educação como direito fundamental, apesar de refletir uma visão autoritária, centralizadora, capitalista e exclusivista dos militares que então detinham o poder no Brasil.

Essa realidade em especial da história constitucional brasileira podemos facilmente constatá-la ao examinarmos o seu texto constitucional da Carta de 1967, legal e juridicamente falando, no qual a mesma,

> [...] no inciso II, ampliava-se o período de escolarização obrigatória para oito anos, mantendo-se a denominação 'ensino primário'. Não se alterava o nível de ensino a que todos teriam direito, mas apenas o período em que este estaria resguardado. A gratuidade

> *dos 7 aos 14 anos só iria se tornar uma ampliação do período de escolarização obrigatória com a Lei 5.692, de 1971, com a criação do primeiro grau. O inciso II retomava a temática já presente nos textos de 1937 e 1946: a garantia da gratuidade no ensino ulterior ao primário apenas para aqueles que demonstrassem falta ou insuficiência de recursos. Uma novidade introduzida, como decorrência da negação da gratuidade em geral, era a ideia de bolsas restituíveis, que deu origem ao mecanismo do crédito educativo no ensino superior.*[35]

Será somente, com a reforma constitucional de 1969 ou Constituição de 1969, no entanto, que o regime militar de fato efetuará o mais importante legado para efeitos de resguardo da educação como direito fundamental no Brasil, vindo enfim desde então, a ser considerada a educação como sendo um dever do Estado, a ser efetivamente garantida e assegurada pelo poder estatal nacional. Embora a Carta de 1969 tenha resultado de um regime de exceção como foi o militar do pós-1964, devemos reconhecer que o mesmo se constituiu em um divisor de águas para a história do constitucionalismo brasileiro relativamente ao aspecto da consagração da educação como um direito fundamental a ser garantido pelo poder estatal para todos os cidadãos brasileiros.

A Carta de 1969, consequentemente, ainda que tenha resultado de um regime ditatorial como fora o militar após o golpe de 1964 no Brasil, com todas as características e traços de um texto constitucional centralista e autocrático, próprio de um regime autoritário, não temos como negar que o regime ditatorial em um feito sem precedentes na história constitucional brasileira até então, efetivamente tornara a educação e seu direito

---

[35] Cf. OLIVEIRA, 2001, p. 22.

correspondente uma obrigação moral e jurídica do Estado brasileiro, com todas as consequências legais que isso iria significar. Façanha inédita na história do constitucionalismo brasileiro, cuja importância, dimensão e alcance podemos objetiva e facilmente constatar e determinar ao assinalarmos que:

> *É incrível que somente em 1969, na reforma do texto de 1967, tenhamos escrito que a educação é dever do Estado! Muito tarde para um país preso estruturalmente à escravidão e consequentemente ao autoritarismo presente na escola, na família, na empresa, no serviço público e na política. Reconheçamos que temos avançado pouco socialmente e a educação tem tudo a ver com o social.*[36]

Assim sendo, foi somente a partir da Carta de 1969, que a educação viria a ser consagrada como dever do poder estatal brasileiro a ser garantido para os cidadãos brasileiros, o que por si só se afigurou em uma prova do atraso significativo para a concepção do social e de suas políticas correspondentes, como linha de ação governamental de primeira relevância junto às políticas sociais, que sempre deveriam ter sido tratadas mais seriamente pelos governos nacionais. De fato, não há como negar essa realidade histórica que caracterizou o Brasil em sua evolução política, social, cultural, institucional, jurídica e tecno-legal desde os primórdios da construção de sua respectiva sociedade até a atualidade, em que o social demorara notavelmente a adquirir uma adequada relevância no sentido de o social vir a constituir-se em um objeto das atenções e preocupações das autoridades governamentais e de seus órgãos competentes em matéria. E no que diz respeito à educação, alvo central deste estudo, tal não seria

---

[36] Edivaldo Machado Boaventura *apud* COSTA, Messias. 2002. p. 8.

diferente, pelo simples fato de que a educação se constitui em um dos principais tipos de direitos sociais e, portanto, uma das principais manifestações do social em qualquer país do mundo.

Devemos reconhecer que foi a partir da Carta de 1969, que a educação, como direito social e fundamental da pessoa humana, veio a adquirir no Brasil, desde então, um caráter de cunho público e de obrigatoriedade. A partir de então, abriu-se o caminho para uma maior garantia, observância e preocupação de forma mais abrangente e completa para com esse relevante direito social na Carta de 1988, com o retorno do Brasil à democracia e ao Estado de Direito, observador dos direitos e liberdades fundamentais em sua plenitude. Enfim, no que tange à Constituição de 1969, apesar de a mesma ser fruto de um regime autoritário, centralizador e desrespeitador dos direitos e liberdades humanas mais elementares, chegamos inevitavelmente à conclusão de que "a emenda de 1969 reconhecia, pela primeira vez, em nível constitucional, educação como 'direito de todos e dever do Estado' (art. 176)".[37]

Entretanto, frise-se: a consagração definitiva da educação como direito fundamental somente verificar-se-á com a entrada em vigor da Constituição de 1988, a Carta atualmente vigente no Brasil, com o retorno do país à democracia, logo após o fim do ciclo dos governos militares em 1985, ocasião em que o primeiro civil em mais de vinte anos de regime ditatorial fora empossado como Presidente da República, José Sarney, após a morte antes mesmo de assumir do titular do cargo Tancredo Neves em abril do mesmo ano. Foi no governo do Presidente José Sarney, que se completara o processo de redemocratização do Brasil, iniciado em 1985, cujos pontos culminantes foram a eleição de uma Assembleia Constituinte em 1986, instalada em fevereiro de 1987, e que após vinte meses de debates e discussões nas duas câmaras do

---

[37] Cf. OLIVEIRA, 2001, p. 23.

poder legislativo aprovava o texto constitucional a 5 de outubro de 1988, e a primeira eleição direta para Presidente da República em 1989, após 29 anos de jejum eleitoral do povo brasileiro.

Inserido nesse contexto histórico, do retorno do Brasil à democracia e aos valores e princípios fundamentais da vida humana e aos seus respectivos direitos, a atual Carta de 1988 viria a consagrar, de uma forma mais ampla e contundente, o direito social à educação, uma vez que o seu texto correspondente dispõe à respeito dos direitos sociais, dentre os quais a educação, diversos capítulos e artigos. É indiscutível e óbvio que a Constituição de 1988 se constitui em uma das mais avançadas e pioneiras constituições do mundo na atualidade, uma vez que a mesma dispõe acerca dos mais diversos direitos sociais, tanto individuais e coletivos, o que faz dessa Carta um texto constitucional de vanguarda se comparado à outros textos constitucionais vigentes na atualidade, mesmo nos países avançados, em matéria social e de resguardo dos direitos coletivos.

Evidentemente que, com a educação, por constituir-se em um direito social, tal não seria diferente. Por conseguinte, a Constituição de 1988 destina um capítulo, além de várias disposições e artigos dispostos ao longo de todo o seu texto, o que por si só se afigura em mais um argumento de peso em prol da educação. Isto revela a educação como sendo um dos pilares fundamentais para o progresso material e moral de qualquer país das eras moderna e pós-moderna.

Dessa forma, a Constituição de 1988, foi o coroamento de todo um conjunto de reivindicações sociais, resultante de uma pressão e de uma mobilização popular junto à Assembleia Constituinte de 1987-1988, como nunca houvera se verificado anteriormente na sociedade brasileira, o que demonstra o atingimento pela mesma de um grau elevado de consciência e de amadurecimento civis, e no que diz respeito à matéria específica da educação tal não foi diferente.

No que concerne à Carta de 1988, Moaci Alves Carneiro assim se posiciona:

> *A Constituição de 1988 significou a reconquista da cidadania sem medo. Nela, a educação ganhou lugar de altíssima relevância. O País inteiro despertou para esta causa comum. As emendas populares calçaram a ideia da educação como direito de todos (direito social) e, portanto, deveria ser universal, gratuita, democrática, comunitária e de elevado padrão de qualidade. Em síntese, transformadora da realidade.*[38]

A Constituição de 1988 se afigurou, por conseguinte, assim como foram a sua época as Cartas de 1934 e de 1946, em um outro divisor de águas no que tange à consagração da educação como direito fundamental da população brasileira, sendo que a Carta de 1988 foi ainda mais avançada do que as anteriores no resguardo, garantia e disciplinamento da educação como direito social de todos os brasileiros, isso jurídica e legalmente falando. É pacífico, entre a maioria dos doutrinadores, juristas e constitucionalistas brasileiros da atualidade, que a Constituição de 1988 se afigure como o mais adiantado texto constitucional no aspecto específico do resguardo e garantia dos direitos humanos e social, tanto individuais como coletivos. Basta atentarmos para o fato de que, ao lado da educação, na referida carta constitucional acha-se até um capítulo sobre a defesa do meio ambiente.

A Carta de 1988, relativamente ao aspecto da consagração dos direitos sociais, dentre os quais da educação, é de tal forma

---

[38] Cf. CARNEIRO, 1998, pp. 21-22.

avançada de modo a perfilar entre as mais adiantadas do mundo em matéria, fato sem contestação que podemos verificar através da observação de Osmar Fávero, como se segue:

> *A educação será reconhecida como direito fundante da cidadania e definida como direito público subjetivo, algo defendido por Pontes de Miranda desde os anos 30. E a Universidade, também pela primeira vez, assume o estatuto da autonomia como princípio auto-aplicável.*[39]

A educação, portanto, a partir do texto constitucional de 1988 passa a constituir-se em um direito fundamental com todas as garantias e instrumentos de proteção legal correspondentes que venham a fazer da mesma um dos direitos sociais que dispõem de maiores meios de proteção legal e jurídica proporcionados aos cidadãos brasileiros, desde a data de sua vigência em 5 de outubro de 1988, ao lado da saúde, do trabalho e da previdência social.

De fato, se examinarmos atentamente o texto da Carta de 1988 em sua integralidade orgânica, estrutural e sistêmica, observaremos que, quanto à educação como direito fundamental, realmente inova, ao dispor, objetiva e claramente, dentre outras prescrições constitucionais, acerca da garantia da gratuidade do ensino público, com meios e instrumentos jurídicos e tecnolegais eficazes e modernos para que o cidadão brasileiro possa reivindicar o seu direito à educação. Tal situação circunstancial jurídica e legal é ressaltada por Osmar Fávero, porque será sob esta ótica que a autora irá analisar a gratuidade do ensino público em estabelecimentos oficiais (art. 206, IV), "o dever do Estado com a respectiva responsabilização do mesmo quando

---

[39] Cf. FÁVERO, 1996, p. 24

não atender aos ditames do ensino obrigatório e a vinculação constitucional de recursos para educação".[40]

A Carta de 1988, em matéria educacional se constituiu de fato em grande avanço frente às constituições anteriores, não somente como direito público subjetivo, mas também no que diz respeito à questão da democratização desse direito em especial e à da melhoria da qualidade do ensino, mediante a efetuação de campanhas de erradicação do analfabetismo e pela abertura de caminhos legais à consagração jurídica da educação à distância, pela Lei n. 9.394/96, como resultante da necessidade de se democratizar o acesso à educação previsto pela Carta de 1988, em capítulo específico que trata de matéria educacional, a qual acha-se fartamente regulamentada por dez artigos, isto é do art. 205 ao art. 214. Evidencia-se, portanto, que a Carta de 1988 se afigurou em um avanço notável para a consagração da educação como um direito fundamental de todos os cidadãos brasileiros de uma forma tal a se constituir em uma carta inédita, inovadora e progressista, a mais adiantada em matéria de direitos sociais da história constitucional brasileira, vindo a criar as condições básicas para a sua consagração definitiva na Lei n. 9.394/96.

Com base nas discussões feitas pôde-se constatar que a Constituição de 1988 ensejou a necessidade de se criar uma outra LDB que viesse a atingir os dispositivos previstos no seu texto constitucional, e que se adaptasse eficazmente à nova realidade social e jurídica resultante daquela Carta, uma vez que, com a volta do Brasil ao Estado Democrático de Direito evidenciou-se a exigência de se adequar a legislação educacional ao país renovado política, ideológica, institucional e culturalmente da era pós-industrial. Essa consequência específica advinda da concretização do retorno à normalidade democrática no Brasil

---

[40] FÁVERO, op cit., p. 24.

gerou, nos âmbitos político, educacional e jurídico, discussões e debates que se prolongaram durante oito anos no Senado brasileiro, desde dezembro de 1988 até 1996, ano da entrada em vigor da nova LDB (Lei de Diretrizes e Bases da Educação Nacional), cuja iniciativa foi do senador Darcy Ribeiro do PDT (Partido Democrático Trabalhista), daí a razão desta Lei ter sido cognominada de Lei Darcy Ribeiro.

A nova LDB, pela amplitude de suas matérias, pela abrangência e pelo alcance de seu conteúdo e de seus objetivos, além dos interesses que influíram sobre a sua elaboração, demandou oito anos desde a sua proposição inicial até a sua aprovação final, vindo a organizar definitivamente o sistema educacional brasileiro da atualidade. O seu texto respectivo somente seria aprovado em 20 de dezembro de 1996, no que tornar-se-ia a Lei n. 9.394/96, que teve entre seus aspectos inovadores e positivos, o de flexibilizar certos dispositivos legais e o de sistematizar e organizar o modelo educacional brasileiro em diversas modalidades educacionais bem definidas, com destaque a educação à distância, contribuindo significativamente para a democratização das oportunidades educacionais no Brasil dos primeiros anos do século XXI.

A Lei n. 9.394/96, de 20 de dezembro de 1996 ao lado da Constituição de 1988, contribuiu efetivamente para garantir a eficácia plena do direito à educação como direito fundamental, mediante o seu espírito flexibilizador e dinamizador de sua visão modernizadora, apesar de seu caráter ideológico de cunho essencialmente neoliberal, privatista e mercadológico, fato incontestável e reconhecido pela maioria dos doutrinadores e especialistas em educação no país, uma vez que ampliou e aperfeiçoou a concepção e a definição do fundamental binômio direito à educação e dever de educar, cuja relevância é claramente notória no âmbito dos direitos humanos e seu respectivo resguardo.

É possível afirmar que a Lei n. 9.394/96, ao se nortear pelo espírito flexibilizador contribuiu significativamente para a melhoria na democratização das oportunidades educacionais no Brasil, tanto em termos genéricos como específicos. Esta realidade objetiva está enfatizada por Pedro Demo como se observa a seguir:

> *a) a extensão progressiva da obrigatoriedade e da gratuidade ao ensino médio (art. 4); essa medida respeita também o atraso em que ainda estamos na cobertura, sobretudo qualitativa, do ensino fundamental, mas já assinala que uma sociedade mais desenvolvida cuida de oferecer para todos o ensino médio;*
>
> *b) no § 5º do mesmo artigo, abre-se a possibilidade de criar 'formas alternativas de acesso aos diferentes níveis de ensino, independentemente da escolarização anterior', algo que se pode ver como um tanto exagerado, mesmo em se tratando do ensino fundamental; de todos os modos, o que a lei quer garantir é o acesso de todos, irrestritamente, como aparece no inciso I, do Art. 4º, ao estabelecer o dever do Estado com a educação escolar pública, garantindo 'o ensino fundamental, obrigatório e gratuito, inclusive para os que a ele não tiveram acesso na idade própria.*[41]

Apesar de alguns defeitos e aspectos prejudiciais de ordem política e ideológica, ao se nortear pelo neoliberalismo, a atual LDB brasileira tem contribuído de forma significativa para o acesso dos cidadãos brasileiros à educação, além de tornar mais

---

[41] DEMO, Pedro. *A nova LDB/ranços e avanços*. Campinas, SP: Papirus, 1997, pp. 15-16.

efetivo e resguardado legal e juridicamente os preceitos da gratuidade e da obrigatoriedade do ensino público já consagrados pela Constituição de 1988. A Lei 9.394/96 coloca enfaticamente a educação para se afigurar em um direito de todos e em um dever do Estado, tornando plenamente eficaz o que já estava prescrito pela Carta de 1988. Além disso, a Lei n. 9.394/96, complementa e amplia o raio de ação da proteção dos direitos humanos e sociais, presentes na Carta de 1988, ao estabelecer meios procedimentais e técnico-legais de os postulantes ao direito à educação não serem lesados. Tendo-se em vista tudo isso, a nova LDB se constitui em uma garantia e em um instrumento legal a mais a proteger e à assegurar o respeito do fundamental direito à educação no Brasil da atualidade, vindo a se constituir em um primor jurídico, bem como, numa lei altamente avançada e moderna, quer técnica como legalmente falando, em conformidade com os mais diversos especialistas em legislação educacional brasileira atual.

Finalmente, no decorrer deste estudo analítico sobre a evolução na observação ou respeito e consagração do direito à educação pelas autoridades governamentais e institucionais brasileiras competentes em matéria educacional com base na história do constitucionalismo nacional e da legislação educacional resultantes dos textos constitucionais que se sucederam na história do país,[42] podemos afirmar que, apesar de todos as conquistas e avanços que se registraram no âmbito da história constitucional estudada, ainda há um longo caminho a ser percorrido para que seja devidamente consagrado e respeitado o direito à educação e sua correspondente democratização nas oportunidades a ela relacionadas. Também, ainda depende de muita luta para que o aperfeiçoamento das modalidades de ensino, acompanhada de

---

[42] Destacaram nesse estudo, em especial, as Constituições de 1934, de 1946 e de 1988, e, no âmbito da legislação educacional, as Leis n. 4.024/61 e 9.394/96.

uma melhor qualificação dos profissionais da educação, se torne uma realidade concreta. Tal situação desejada será de fundamental relevância para a garantia efetiva do direito fundamental da educação e de uma adequada superação de sua visão privatista e neoliberal, de tal forma a adaptá-la a realidade nacional hodierna. Essa reforma idealizada e objetivada representará: valorização da escola pública; educação pública gratuita; ensino público de qualidade (como consequência de tais reformas); ampliação das oportunidades educacionais. Tudo isso visa a proporcionar um modelo educacional adequado para um país emergente com as potencialidades e dimensões do Brasil da atualidade.

## 1.3 CONTRIBUIÇÃO DE PAULO FREIRE PARA A CONSTRUÇÃO DO CONCEITO DE EDUCAÇÃO NO BRASIL

A educação é um processo complexo consubstanciado no binômio ensino e aprendizagem, que envolve diferentes elementos e fatores internos e externos, condicionantes e motivacionais de tal forma a fazer dela um dos principais meios de possibilitar a socialização do ser humano na sociedade a que pertence, posto que ela se constitui em um dos instrumentos de inserção social que possui maior eficácia e legitimidade para adaptar a pessoa humana na forma e à medida das expectativas objetivadas, de modo a dotá-lo das habilidades e aptidões compatíveis com as demandas e exigências de sua respectiva realidade social. Portanto, a educação se caracteriza por ser um instrumento de primeira relevância na vida de todo ser humano, sobretudo na atual era pós-industrial e pós-moderna, na qual se exige cada vez mais, um profissional sempre mais especializado e polivalente de tal forma a se tornar apto a fazer frente aos desafios de um mercado de trabalho progressivamente mais competitivo e dinâmico desses primórdios do século XXI.

Portanto, tendo-se em vista as suas notáveis importância, presença e complexidade no mundo pós-moderno, não é de se surpreender o fato de que a educação tem sido e continua sendo objeto de debates, discussões, estudos, pesquisas e de elucubrações doutrinárias e filosóficas por parte dos mais diversos pedagogos, educadores, filósofos, sociólogos e representantes da sociedade civil em geral, dos mais diversos países, desde praticamente o início da era industrial. Entretanto, é imperioso sublinhar que a temática educacional vem alcançando relevância e interesse crescentes com o advento da sociedade pós-moderna e pós-industrial causada pelas incessantes transformações das últimas três décadas do século XX. Logicamente, que, no que tange à educação e suas diversas definições e características, bem como às respectivas tentativas de se encontrarem soluções às suas problemáticas, fez das temáticas educacionais um dos focos centrais da atenção de políticos, sociólogos, estudiosos e pesquisadores da área educacional, dentre os quais, entre os brasileiros, destaca-se Paulo Freire, que com suas ideias e propostas progressistas muito tem contribuído para uma adequada concepção e definição da educação e de um modelo educacional sob medida para o Brasil do século XXI.

A educação, a sua relevância e suas problemáticas no Brasil mereceu e merece um conjunto de análises e de estudos que envolvem uma gama de questões e de campos do conhecimento humano, e de ciências a ela inter-relacionados como a sociologia, a psicologia e a economia, considerando-se a complexidade e a profundidade dos contrastes e das desigualdades de cunho econômico e social, que caracterizam o país atualmente em suas diversas dimensões e planos indagacionais de forma a ensejar iniciativas pedagógicas e científicas em termos educacionais como as que Paulo Freire conduziu até recentemente. Paulo Freire foi um dos pioneiros da educação progressista no Brasil, e se notabilizou pela coragem e pela profundidade de suas observações e análises efetuadas acerca da educação e das questões a ela direta ou indiretamente relacionadas, vindo a esclarecer a real dimensão e extensão das problemáticas educacionais junto à sociedade brasileira da atualidade. Paulo Freire assenta a temática educacional sob as diversas ópticas e planos de sua manifestação e influência efetivas sobre a sociedade brasileira, contribuindo significativamente para elucidar as raízes da maioria dos problemas e obstáculos que se interpõem à educação no Brasil de hoje, tanto em termos de implantação de um modelo educacional eficaz, como de sua efetiva observância como direito fundamental.

Essa situação específica pode ser comprovada ao se analisar o pensamento pedagógico e educacional de Paulo Freire, que no decorrer de sua atividade indagacional no campo educacional brasileiro desnudou uma série de questões e de dificuldades que se constituíram em estorvos e obstáculos à efetiva concepção e definição de educação com correspondente modelo adequado para o Brasil, e ao mesmo tempo, que garanta indiretamente o resguardo jurídico e legal da educação como direito fundamental dos mais diversos segmentos da sociedade brasileira. Paulo Freire foi, por conseguinte, o responsável pela introdução da forma de conceber a educação como sendo um ente dinâmico, complexo e profundo, em contraste com a visão conservadora e tradicional que imperara na história brasileira da educação, vindo a inovar com a implantação de conceitos pioneiros no âmbito educacional nacional, como a construção de definições e conjeturas filosóficas da realidade educacional, todas elas fundamentadas numa contínua e profunda relação com a realidade social, econômica e cultural mundial, na qual estava inserida o plano do âmbito educacional nacional.

Com base em tudo isso que foi exposto, podemos depreender que Paulo Freire foi essencialmente crítico e vanguardista dentre os educadores brasileiros, que a exemplo de Anísio Teixeira, também primou pelo discurso social e pela democratização das oportunidades educacionais, pressuposto básico para a garantia efetiva da educação como direito fundamental para todos os segmentos da população brasileira, pelo simples fato de se opor à ideologia neoliberal que passou a predominar nas relações políticas, econômicas, sociais e culturais no mundo após a queda do Muro de Berlim, do fim do comunismo e da Guerra Fria, a partir do início dos anos 90 até a atualidade. Sistema econômico e social neoliberal esse que exerceu forte influência na realidade mundial pós-comunista, em razão de suas características essencialmente privatista, competitivista e antiestatizante, na acepção de Estado mínimo, o que por sua vez implica no fato de o neoliberalismo se fundamentar basicamente em valores mercadológicos ou de mercado, o que o torna totalmente descomprometido com relação ao social. Isto porque, ao privilegiar o privatismo, os valores de mercado e o Estado mínimo implica na negação do princípio do atendimento estatal aos serviços e demais necessidades de interesse público e coletivo, dificultando, notavelmente, o acesso das camadas menos favorecidas da população aos serviços sociais essenciais como a saúde e a educação, entre outros.

E é justamente em razão desse aspecto desumano do neoliberalismo, em que os mais afetados pelo seu modelo nefasto de organização da sociedade são os serviços públicos essenciais coletivos e acessíveis a todos os segmentos da população brasileira, que Paulo Freire levanta sua firme voz contrária e fortemente crítica em relação a esse modelo que atualmente predomina no mundo, em cujo contexto os mais lesados são exatamente os serviços públicos essenciais como a saúde e a educação, os quais por sua vez, se constituem em direitos fundamentais básicos em todo o mundo civilizado.

O pensamento de Paulo Freire por ser progressista, logicamente opor-se-á às injustiças geradas pelo modelo neoliberal no campo social da educação, objeto de seus estudos e análises. Como não poderia deixar de ser, este estudioso da educação tece observações e conclusões objetivas e acerca de questões educacionais no Brasil, nas quais expõe a sua visão humanista da educação contraposta à materialista do neoliberalismo, caracterizada essa, em conformidade com o referido educador brasileiro, por uma abordagem notadamente psicológica, sociológica e cultural do complexo fenômeno da educação, caráter esse oportunamente por ele assinalado, discutido e ressaltado ao longo dos seus estudos.

A obra de Paulo Freire e seu pensamento educacional progressista se assentam fundamentalmente em três pilares básicos, os quais são os seguintes: primeiramente, a dimensão da realidade econômica e social; em seguida, o conjunto de competências e qualificações que o corpo docente deve possuir para conciliar o processo educacional à sua realidade subjacente; e, enfim, ao seu aspecto emocional e psicológico, que se constitui no fator *sine qua non* final para o seu êxito, em conformidade com a sua teoria educacional. Sendo que essa teoria, em especial delineada, elaborada, construída e desenvolvida por Paulo Freire em mais de três décadas de estudos e pesquisas no âmbito educacional, se resume essencialmente na necessidade de humanizar o processo educacional, de tal forma a torná-lo moderno, flexível e adaptável às aceleradas transformações que se operam junto ao seio das sociedades pós-modernas e pós-industriais globais, em cujo contexto se inclui também a brasileira desses primeiros anos do século XXI.

O conjunto do pensamento de Paulo Freire acerca do fenômeno da educação, considerando-se as suas linhas mestras que objetiva e efetivamente o tipificam e caracterizam, é aqui reafirmado com as próprias palavras do referido autor, ou seja:

> *Não é difícil compreender, assim, como uma de minhas tarefas centrais como educador progressista seja apoiar o educando para que ele mesmo vença suas dificuldades na compreensão ou na inteligência do objeto e para que sua curiosidade, compensada e gratificada pelo êxito da compreensão alcançada, seja mantida e, assim, estimulada a continuar a busca permanente que o processo de conhecer implica. Que me seja perdoada a reiteração, mas é preciso enfatizar, mais uma vez: ensinar não é transferir a inteligência do objeto ao educando, mas instigá-lo no sentido de que, como sujeito cognoscente, se torne capaz de inteligir e comunicar o inteligido.*[43]

E é, sobretudo em razão dessa visão pioneira e transversal que o pensamento educacional de Paulo Freire pode ser considerado progressista e inovador, pois, ao detectar e identificar o alto grau de inter-relacionamentos e de conexões existentes entre o fenômeno educacional e as demais dimensões da vida humana, demonstra objetivamente que o processo educacional abrange diversas vertentes e dimensões pelos quais inevitavelmente se manifesta nas realidades em que se acha inexoravelmente inserido. Na verdade, Paulo Freire ao desnudar o caráter essencialmente ideológico da concepção neoliberal de modelo educacional, confirma e convalida em todos os estudos que efetuou, relativamente ao fenômeno educacional, o seu grau

---

[43] FREIRE, Paulo. *Pedagogia da autonomia:* saberes necessários à prática educativa. São Paulo: Paz e Terra, 1996, p. 119.

notavelmente elevado de complexidade, dinamismo, de multiplicidade e profundidade pedagógica, sociológica, psicológica e cultural, que o processo educacional encarna na era pós-moderna e pós-industrial da atualidade. Essa análise pôde ser confirmada quando ele assinalara enfaticamente que educar não se reduz a uma simples transmissão de conhecimentos ou treinamento técnico de mão-de-obra defendido pelos neoliberais; é muito mais do que isso. Isto se explica em razão do reconhecido fato de que a educação se constitui em um processo complexo e abrangente, e, portanto, não se limita à restrita concepção neoliberal de sistema educacional. Este fato é perfeitamente compreensível, uma vez que a concepção neoliberal de educação está assentada na existência de um sistema de ensino que se restringe apenas a formar e a qualificar o indivíduo somente para atender às exigências e demandas do mercado, de tal forma a fazer dele um profissional despreparado, desorientado e incompetente para fazer frente aos desafios do mercado de trabalho do século XXI. Esta realidade educacional, decorrente do modelo neoliberal, acarreta, por sua vez, uma série de consequências nefastas junto ao sistema de ensino e ao mercado de trabalho de qualquer país que venha a adotar o sistema educacional concebido pelo modelo neoliberal, o que é reconhecido por todos os pedagogos e demais especialistas da área educacional da atualidade.

Essa característica que absolutamente tipifica e identifica de forma evidente o modelo educacional do neoliberalismo, se assenta basicamente no fato de que, essa forma equívoca de se tratar e conceber o fenômeno educacional tem suas raízes de fundo, bem como sua razão básica de ser:

> *A revalorização dos postulados do liberalismo econômico clássico, fundamentalmente a concepção do mercado de Adam Smith, se complementa, dentro do*

> *modelo, com uma teoria política liberal conservadora, representativa de algumas correntes liberais temerosas do domínio que as maiorias podem exercer, quando não se põe limites ao funcionamento da democracia. Em outras palavras, são partidários da ideia de uma democracia restrita. Norberto Bobbio define o neoliberalismo como 'uma doutrina econômica consequente da qual o liberalismo político é apenas um modo de realização, nem sempre necessário; ou, em outros termos, uma defesa intransigente da liberdade econômica, da qual a liberdade política é apenas um corolário.*[44]

Essa realidade da educação brasileira apresentada por Paulo Freire em suas obras, pode ser claramente vislumbrada a partir das próprias falhas e imperfeições estruturais, ideológicas e orgânicas do neoliberalismo, sistema de organização da sociedade pós-industrial, que atualmente predomina no mundo, cujas características intrínsecas implicam na construção de um modelo educacional totalmente em dissonância e em dissintonia para com o ideal de uma sociedade mais justa, próspera e igualitária. É pacífico, logicamente, que em conformidade com a corrente progressista da educação, que teve Paulo Freire e Anísio Teixeira entre os seus maiores representantes no Brasil, que o neoliberalismo se constitua em uma ideologia nefasta para o equacionamento e adequado tratamento das questões educacionais nacionais. A concepção neoliberal de modelo educacional é exclusivista, reducionista e objetivamente ineficaz, considerando-se as necessidades e demandas de um país emergente com os contrastes e potencialidades como as dispõe o Brasil na atualidade.

---

[44] Norberto Bobbio *apud*. BIANCHETTI, R. G. *Modelo neoliberal e políticas e educacionais*. São Paulo: Cortez, 2001, p. 23.

O modelo educacional neoliberal se afigura por se caracterizar e se fundamentar em alicerces frágeis e de pouca estabilidade temporal e epistemológica; em um sistema orientado pelo lucro, pelas leis e pelo rigorismo de mercado que impelem inevitavelmente na moldagem de um sistema educacional prioritariamente baseado no treinamento de mão-de-obra para atender às necessidades do mercado, limitando-o tão-somente a uma sistemática mecânica de transmissão de conhecimentos técnicos de um lado. Por outro lado, o modelo educacional neoliberal se assenta na privatização dos sistemas de ensino que, ao privilegiar a iniciativa particular na educação, presta um desserviço ao país no estratégico setor da educação, uma vez que dificulta, sobremaneira, a democratização das oportunidades educacionais em um país como o Brasil, onde a maioria da população não dispõe de condições financeiras para poder ingressar na rede privada de ensino. Para além, a concepção privatista do ensino se fundamenta na concretização de uma modalidade de formação amoldada à óptica reducionista neoliberal, a qual torna o aluno um mero acumulador de certificados, numa concepção imediatista e superficial do ensino ao fundamentar a educação em disciplinas necessárias à formação mínima para o mercado, sem primar por uma formação para a cidadania, por uma educação completa, profunda e mais economicamente acessível ao povo brasileiro e fundamentadas no princípio da real satisfação das necessidades populares e expectativas da sociedade.

Assim, vale afirmar que, com base nos estudos realizados identificamos um modelo educacional substanciado pela dimensão neoliberal que, por sua vez, dimensiona e constitui toda uma política educacional cujas linhas de ação e diretrizes visam, essencialmente, à vinculação de todo o sistema educacional ao império das leis da oferta e da demanda do sistema produtivo. Dessa forma, o sistema educacional vem a se constituir o mecanismo auto-regulador do mercado, no instrumento que melhor equilibra e compatibiliza as demandas advindas do setor produtivo e empresarial com a oferta que surge das instituições educacionais, bem como, torna realidade os problemas logísticos e operacionais resultantes da ausência de um planejamento mais amplo, abrangente e, por conseguinte, eficaz da ação educacional, como ela deveria ser em respeito de sua notável complexidade e variabilidade que a caracterizam atualmente.

Diante dessa realidade é possível afirmar que, no que tange ao espírito e as diretrizes que orientam as políticas educacionais neoliberais, não há como negar o seu caráter privatista, reducionista, imediatista e individualista, e no Brasil essa lógica marcadamente neocapitalista revelou-se ainda mais perversa que nos demais países em desenvolvimento ou emergentes, pela simples razão de que:

> *[...] para compreender os rumos da política educacional brasileira no contexto do neoliberalismo é necessário examinar não apenas ações propriamente localizadas no cenário da educação, como também outras iniciativas que tem ocorrido no âmbito do Estado brasileiro. Estas, por sua vez, impõem um resgate das origens da ação estatal no país e a percepção de seus nexos com o presente. Do mesmo modo, é preciso ir mais além, de modo a contextualizar a especificidade da proposta neoliberal no Brasil.*[45]

A partir das considerações feitas podemos depreender que as políticas educacionais neoliberais se constituem em um

---

[45] VIEIRA, S. L. Neo-liberalismo, privatização e educação no Brasil. *In*: OLIVEIRA, R. P. de (org.). *Políticas Educacionais no Brasil* – impasses e alternativas. São Paulo: Cortez, 1998, p. 29.

conjunto de medidas notavelmente nefastas para o sistema educacional brasileiro e, consequentemente, para efeitos de viabilizar um processo de desenvolvimento econômico e social sustentável e duradouro para um país emergente com as características do Brasil. É óbvio que não se pode atingir um avançado estágio de desenvolvimento humano e material em qualquer país ou sociedade pós-industrial da atual era pós-moderna, sem que o mesmo ou a mesma tenham sido dotados, anteriormente, de modelos e políticas educacionais adequadas, democráticas e que realmente venham de encontro às exigências, necessidades, anseios e expectativas dos mais diversos segmentos de suas populações. Como vimos anteriormente neste estudo, tal ponto de vista está corroborado por especialistas em estudos educacionais pertencentes aos mais diversos órgãos de pesquisa nacionais e internacionais. Consequentemente, a influência do neoliberalismo no campo educacional não é benéfica a nenhum país ou sociedade que deseje alcançar um patamar elevado de desenvolvimento, ainda que em termos puramente econômicos, o sistema neoliberal tenha logrado êxito em alguns países desenvolvidos, sobretudo nos EUA, país em que obteve o maior sucesso, desde a sua introdução dessa tendência neoliberal, nos anos 80, com o advento de Ronald Reagan à presidência daquele país. Foi este presidente norte-americano quem deu margem à eclosão do estilo neoliberal, fundado essencialmente no conceito de Estado mínimo, da ausência de impostos e de encargos sociais, pelo indiscutivelmente oposto ao caráter estatal e pelo empreendedorismo imediatista e especulador.

O neoliberalismo, apesar de apresentar aspectos e influxos negativos, no setor da economia, para a maioria dos países e sociedades mundiais da era pós-moderna, possui aspectos positivos inegáveis, uma vez que foi o responsável pelo sucesso econômico e financeiro dos EUA e do Reino Unido. Ao ser implantado por

Ronald Reagan e por Margareth Thatcher respectivamente, a economia sob a óptica do modelo neoliberal as reformas feitas tiveram resultados positivos que de fato foram benéficas para potencias mundiais da história recente.

Apesar disso, é inegável que no campo estritamente educacional, o sistema neoliberal é ineficaz, uma vez que a sua concepção de educação bem como de modelo e de políticas educacionais não se compatibilizam de forma alguma com a realidade social e econômica de um país emergente caracterizado pelos contrastes, desigualdades e concentração de renda como é o caso do Brasil da atualidade, pelo simples fato de que este sistema obstacula notavelmente a democratização das oportunidades educacionais no país, assim como, impede a delineação e estruturação concretas de um sistema de ensino completo e integral, que realmente qualifica e prepara para o mercado de trabalho, cuja materialização na prática, se consubstancia no modelo do ensino público coletivo e eficaz que proporciona uma educação tradicionalmente mais completa e transdisciplinar.

Tendo-se em vista esse conjunto de fatores e de concausas que influem junto ao processo de concepção, moldagem e de definição efetivas de um modelo neoliberal de educação e de suas respectivas políticas de implementação logístico-operacional, comungamos com o pensamento de R.G.Bianchetti, quando ele afirma que:

> *[...] o primeiro aspecto, que constitui o marco geral que orienta as políticas para a educação, é a ampliação da lógica do mercado nessa área. Essa lógica coloca a educação como um bem econômico que deve responder, da mesma maneira que uma mercadoria, à lei da oferta e da demanda. Já que esta é uma conclusão global da pro-*

> *posta, interessa-nos aprofundar o estudo do diagnóstico que os autores realizam para chegar às suas conclusões.*[46]

O neoliberalismo possui caráter que o identifica e o distingue de forma evidente, qual seja, o caráter do predomínio dos valores e da lógica do mercado, e isso nos impele a assinalar que se constitui no traço que melhor caracteriza o sistema neoliberal, com teor marcadamente capitalista e individualista que impera inexoravelmente sobre as mais diversas dimensões e vertentes que compõem as realidades social, econômica e cultural de uma determinada sociedade, vindo dessa forma a tornar impossível um estudo bem como uma abordagem mais ampla e completa de um fenômeno social do significado e da magnitude de que se reveste o processo educacional na atualidade. Portanto, é considerando-se todas as suas características que visivelmente o tipificam, que o neoliberalismo vem a se afigurar em um sistema que não favorece a democratização das oportunidades educacionais em decorrência desse sistema privilegiar a iniciativa privada na educação, que é caracterizada por estar volvida apenas à satisfação dos interesses e demandas do mercado e pelo simples treinamento técnico da mão-de-obra de forma imediatista e incompleta, fazendo do sistema de ensino correspondente um modelo caro e simples expedidor de certificados e de diplomas, fundamentado em simples disciplinas mínimas que constam de uma grade curricular restrita. Tais limitações ou arcabouços prejudicam consideravelmente o acesso à educação dos largos estratos da população brasileira. Igualmente o neoliberalismo dificulta ainda, a criação de um modelo educacional que privilegie a educação científica e tecnológica, porque, ao privilegiar as universidades e instituições privadas de ensino superior, impedindo a disponibilização concreta de um

---

[46] Cf. BIANCHETTI, 2001, pp. 95-96.

eficaz sistema de ensino científico com as adequadas infraestrutura, equipamentos e grade curricular. Somente uma educação pública tradicionalmente coletiva e completa, inclui no seu bojo, disciplinas zetéticas e filosóficas cruciais para o ensino científico de qualidade; mas esta não tem vez no modelo educacional neoliberal, porque ele, ao se concentrar tão-somente nas demandas do mercado, não se preocupa em disponibilizar recursos para a promoção de uma educação científica integral e de qualidade que atenda efetivamente às expectativas da sociedade.

Enfim, o sistema neoliberal de ensino, desfavorece logicamente a observância bem como o resguardo da educação como direito fundamental, ao absolutamente impedir uma interpretação social e coletiva do fenômeno educacional. Daí, se justificar a oposição resoluta e as críticas efetuadas por Paulo Freire em sua visão progressista do processo educacional, cujas observações e análises a esse respeito em especial confirmam a necessidade de constituírem alternativas ao modelo educacional neoliberal em virtude de todos os traços e aspectos de cunho reacionário e conservador que integram o seu núcleo ideológico central. Logicamente, que todas essas discussões, comentários e elucubrações filosóficas realizadas por Paulo Freire, ao longo de mais de três décadas nos possibilitam constatar que as questões educacionais examinadas dentro de uma óptica progressista, se compatibiliza perfeitamente com a questão do resguardo efetivo de um direito social da relevância, como é o caso da educação para um país emergente da magnitude do Brasil, cuja garantia na prática é de vital importância para que o país possa atingir um modelo de desenvolvimento econômico autossustentado com justiça social.

Podemos, enfim, tendo como sustentáculo as discussões efetuadas, sintetizar a visão progressista e antineoliberal de Paulo Freire no campo educacional, na atual fase ou período histórico pós-moderno desses primeiros anos do século XXI, ao assinalarmos que:

> *[...] há uma espécie de 'nuvem cinzenta' envolvendo a História atual e afetando, ainda que diversamente, as diferentes gerações – 'nuvem acinzentada' que é, na verdade, a ideologia fatalista, opacizante, contida no discurso neoliberal. É a ideologia, que decreta a morte da História, o desaparecimento da utopia, o aniquilamento do sonho. Ideologia fatalista que, despolitizando a educação, a reduz a puro treinamento no uso de destrezas técnicas ou de saberes científicos.*[47]

## 1.4 A EDUCAÇÃO NA ATUAL CONJUNTURA SÓCIO-POLÍTICO-ECONÔMICA DO BRASIL

O Brasil, conforme é universalmente reconhecido, se constitui em um país emergente ou em desenvolvimento, caracterizado por notáveis potencialidades e recursos naturais e humanos, e, ao mesmo tempo, por um grau profundamente elevado de desigualdades e contrastes sociais e de um acentuado grau de disparidades e de desníveis econômicos, advindos esses de uma preocupante concentração de riquezas a favor de um restrito número de segmentos da sociedade brasileira em detrimento da grande maioria da população. Esta é uma situação que, logicamente, ocasiona uma série de desníveis estruturais junto ao tecido social da sociedade brasileira, de tal forma a provocar autênticos fossos sociais entre os segmentos mais ricos e privilegiados e aqueles mais pobres e carentes, o que obviamente implica na edificação de uma *apartheid* social em que a maioria não detém o acesso nem a garantia dos direitos

---

[47] FREIRE, Paulo. *Pedagogia da indignação:* cartas pedagógicas e outros escritos. São Paulo: UNESP, 2000, p. 115.

sociais básicos a que tem direito constitucionalmente, como a educação, objeto deste estudo.

Em virtude desse contexto, e inserida dentro do mesmo, portanto, é óbvio que a educação brasileira se acha incluída em seu bojo histórico, social e econômico mais abrangente e concernente às estatísticas e dados correspondentes à mesma que nele se revelam em toda a sua dramática magnitude e dimensões plurívocas referentes às suas respectivas problemáticas e questões que afetam direta e indiretamente o cotidiano de todas as camadas da sociedade nacional desses primeiros anos do século XXI.

Ao analisarmos o quadro sócio-econômico brasileiro, identificamos uma série de contrastes e de desigualdades inegáveis, que se relacionam com a conjuntura social e econômica mundial, cujos indicadores e números a ele relacionados demonstram clara e objetivamente os obstáculos e problemáticas de cunho econômico e social com as quais o Brasil se depara atualmente, bem como a dimensão e a seriedade da gravidade de tais problemas que demandam necessariamente uma resolução urgente e eficaz por parte das autoridades governamentais brasileiras se o país realmente almejar ocupar uma posição de destaque nos cenários econômico e social mundiais da atualidade.

O Brasil, país em desenvolvimento ou de economia emergente, se acha logicamente afetado por uma série de males sociais e econômicos que impedem a sua arrancada para o desenvolvimento autossustentado, dentre os quais a concentração de riquezas e a distribuição de renda. Neste último item o país se encontra no sexto lugar do mundo, apenas à frente de algumas nações africanas em termos de justiça social, fato grave que dentre outros fatores impede o acesso, bem como a garantia dos direitos sociais básicos à maioria da população brasileira. Esse fato é demasiadamente preocupante em razão de que em 2001, enquanto os 50% mais pobres concentravam 14,8% da renda gerada no país, já o 1% mais rico detinha 13,3% da renda nacional. Uma outra forma de se verificar a injusta distribuição de renda no país é o fato de que se a renda média dos 10% mais ricos era em 2001, equivalente a 2.745 Reais, já a dos 10% mais pobres era de 61 Reais.

Essa realidade apresentada de forma objetiva se afigura como resultado de um quadro social, que no Brasil se caracteriza pela existência, em 2001, de 57,9 milhões de pessoas subsistindo em condições de vida abaixo da linha de pobreza, em conformidade com o IPEA – Instituto de Pesquisa Econômica Aplicada, o que representa 33,6% da população brasileira. Ainda que tenham sido registrados avanços em relação à década de 90, no que tange a esse relevante indicador social, é preciso frisar que tal situação é uma demonstração que não admite contestações de que há ainda um longo caminho a percorrer para que o Brasil se torne um país próspero e com justiça social, que realmente inclua todos os cidadãos de sua sociedade.

Há que ainda analisar o indicador relativo ao IDH – Índice de Desenvolvimento Humano adotado pelo PNUD – Programa das Nações Unidas para o Desenvolvimento –, mediante o qual se avalia o grau de desenvolvimento social de um determinado país, o que possibilita que de fato se possam tecer comparações com outros países, vindo o mesmo a se constituir em um válido instrumento de análise social em nível mundial. Nesse indicador em especial são consideradas três variáveis, o PIB – Produto Interno Bruto *per capita*, que se constitui em um indicador econômico, a taxa de alfabetização de adultos e de matrículas, que se constitui no indicador educacional, e a expectativa de vida ao nascer, que vem a ser o indicador de saúde. É imperioso destacar que, sob essa perspectiva, o Brasil, em conformidade com o relatório do PNUD de 2004, caiu 7 (sete) posições, passando da 65$^a$.

que ocupou em 2003 para a 72ª. em 2004, num ranking de 175 (cento e setenta e cinco) nações pesquisadas pelo mesmo órgão.

Relativamente a esse indicador, cuja confiabilidade foi oportuna e amplamente comprovada pelos métodos e sistemáticas de pesquisa social e econômica adotadas pelas Nações Unidas – ONU, vale ressaltar que o Brasil registrou o maior progresso em conquistar posições no ranking do PNUD desde 1975, já que foram 16 postos ganhos ao longo de 26 anos. Entretanto, é mister da mesma forma assinalar que, não obstante os avanços obtidos, o Brasil continua não somente atrás dos países desenvolvidos; se encontra ultrapassado também pelas nações do Cone Sul da América Latina, bem como pela maioria das nações do Leste Europeu e do Sudeste Asiático. Isto se constitui em mais uma prova de que o gigante latino-americano necessita concentrar maiores atenções e preocupações no que tange ao social.

Considerando as circunstâncias apresentadas e discutidas é possível com segurança afirmar que o Brasil se caracteriza por possuir um perfil que claramente o tipifica e identifica como um país emergente ou em desenvolvimento com relação aos seus indicadores sociais, o que o coloca no mesmo plano da Argentina, do México, da Rússia, do Chile, da China e de outros países emergentes da atualidade. Essa realidade tem sua explicação cientificamente definida pelas metodologias e sistemáticas dos órgãos de pesquisa social, nacionais e internacionais, que evidenciaram que: um terço da população do Brasil se encontra abaixo da linha da pobreza; a esperança de vida ao nascer é de 69 anos; a taxa de analfabetismo é de 10,9%, já revisada para 13,1% pelo último censo do IBGE; e a taxa de mortalidade infantil é de 31,8 para cada mil nascidos vivos. Enfim, devemos ainda assinalar enfaticamente que esses indicadores poderiam ser ainda melhores se houvesse uma maior participação dos mais pobres e carentes no total da renda e da riqueza gerada.

Isto se constitui na prova definitiva de que o Brasil vem a ser na atualidade um dos campeões mundiais da má distribuição de renda e da concentração de riquezas, estando à frente de apenas alguns poucos países pobres.

Esse quadro social é por sua vez produto de uma visão neoliberal que as autoridades governamentais adotaram recentemente na história nacional responsável pela aplicação de políticas econômicas e de planejamento totalmente em dissonância com as reais necessidades de um país emergente com as características do Brasil da atualidade, senão vejamos:

> *No momento de ascensão neoliberal, em plena crise do Estado, agora mínimo, portador do discurso da privatização, o consumo adquire* status *de principal item de reivindicação, colocando em xeque antigas reivindicações e questões candentes da sociedade sobre as condições precárias de vida na cidade e no campo. A moradia é um bom exemplo. Envolve em sua amplitude, a discussão sobre política habitacional, saúde, educação, transporte, saneamento básico, entre outros.*[48]

Com base no discutido até aqui, o Brasil, apesar dos avanços e das conquistas efetuadas no campo social, as quais foram significativamente maiores em termos econômicos, enfrenta atualmente um conjunto de desafios, cuja gravidade e urgência deveriam impelir as autoridades governamentais competentes a concentrarem maiores atenções e esforços junto ao social, por força de que a raiz dos problemas e dificuldades com as quais o país se depara atualmente se encontram exatamente nele. Negar

---

[48] SILVA, José Afonso da. *Curso de direito constitucional positivo*. 20ª ed. São Paulo: Malheiros, 2002, p. 132.

essa verdade já demonstrada através de estudos e relatórios críticos criteriosos realizados, acabaria por atrasar ou até mesmo, por comprometer seriamente o crescimento nacional, de tal forma a impedir inexoravelmente, o caminho de desenvolvimento autossustentado ao país. De fato, o social e seu equacionamento efetivo se constituem em um requisito *sine qua non* para proporcionar as condições favoráveis à arrancada do desenvolvimento em qualquer país ou sociedade pós-moderna propriamente dita. É universalmente reconhecido que uma população dotada de indicadores sociais suficientemente consolidados poderá, indubitavelmente, galgar posições sucessivas e progressivamente, nos quesitos prosperidade e pujança social e econômica junto ao concerto mundial das nações no século XXI, contexto esse em que a educação desempenhará um papel de crucial relevância.

Por outro lado, a outra face da moeda das problemáticas que afetam a performance do Brasil no plano da eficácia em obter avanços sociais que façam a diferença e que o coloque em condição de poder atingir um patamar de desenvolvimento humano e material elevado, diz respeito à sua economia. É, da mesma forma, necessário sublinhar o reconhecido fato de que uma economia mesmo trilhando o caminho correto e se tornando relativamente desenvolvida, se caracteriza por apresentar assimetrias e contrastes de fundo, tanto regionais como em nível internacional, às quais poderão se constituir em um fator desnivelador da sociedade se não forem corrigidas com certos ajustes e mecanismos técnicos e instrumentais capazes de contribuir para que o país possa atingir um padrão adequado de desenvolvimento humano. De fato, se analisarmos atentamente a atual conjuntura e o quadro sócio-econômico brasileiro, verificaremos que, apesar dos notáveis avanços que se produziram na economia brasileira recentemente, houve sim uma modificação sensível no grau de aperfeiçoamento e de eficácia sistêmica e estrutural, em razão da estabilização econômica e financeira do Brasil com o advento do Plano Real em 1994, possibilitando desde então, significativos aumentos da renda do trabalhador e de seu padrão de vida, bem como uma sensível redução na taxa de pobreza nacional.

Efetivamente na década de 90 houve a derrota da inflação e avanços na melhoria da renda e da distribuição de renda no Brasil. Entretanto, também havemos de assinalar que, no mesmo período verificou-se um baixo crescimento da economia e das atividades produtivas nacionais, que a exemplo da década de 80, quando se verificou maior crescimento, estão sendo designadas de décadas perdidas pela maioria dos especialistas brasileiros e internacionais em economia e dados correspondentes. Porém, é bom destacar que, apesar dessas limitações apontadas, o Brasil foi um dos países do Ocidente que mais cresceram economicamente no século XX. Neste sentido, o Brasil caracterizou-se pelo crescimento em um ritmo relativamente acelerado se comparado a outros países similares ou economicamente menos relevantes, o que, por sua vez, o impeliu a transformar-se em uma das dez maiores economias mundiais da atualidade.

Como confirmação efetiva do alcance desse estágio de desenvolvimento, temos que o Brasil apresenta, na atualidade, um notável grau de dinamismo e de complexidade de sua economia e de suas atividades produtivas. Tal realidade pode ser facilmente confirmada quando se analisa a composição do seu PIB – Produto Interno Bruto –, composto pelos setores da agropecuária, da indústria e de serviços, e se constata que o setor atualmente mais importante é o setor terciário ou de serviços. Este setor já corresponde a 54% de toda economia nacional, seguido pela indústria ou setor secundário que representa 38% da economia nacional, e, por fim, pela agropecuária ou setor primário que, embora seja o setor que tenha registrado o maior dinamismo e o maior crescimento dos anos recentes, corresponde, porém, a apenas 8% de tudo o que o país produz em um ano. Por conseguinte, o que temos diante de nossos olhos é um país emergente de economia complexa, dinâmica e com um significativo grau de organização racional e desenvolvimento tecnológico aplicado às suas atividades produtivas, ou em outras palavras, um país em desenvolvimento com enormes potencialidades e recursos naturais e humanos. Destarte, o Brasil é um país possuidor de todas as condições e requisitos mínimos para que possa atingir um padrão de desenvolvimento sustentável elevado e comparável ao denominado Primeiro Mundo.

Todavia, esse patamar ideal de desenvolvimento material e humano somente será obtido se antes forem solucionadas questões e problemáticas educacionais que ainda afetam e comprometam, por demais, o grau de eficiência profissional ou técnica da maioria dos segmentos da sociedade brasileira da atualidade. Tais limitações podem ser identificadas, compreendidas e assimiladas a partir da análise dos números e dados atuais e mais recentes relativos à educação no Brasil, utilizando-se de instrumentos precisos e eficazes de análise da realidade social em que o país se encontra. Urge que se acesse a informações que representem indicadores educacionais relevantes, a fim de que se possa compreender a medida exata das problemáticas e questões a ela relacionadas, bem como, se possam estabelecer iniciativas políticas e governamentais volvidas à superação dos limites ali configurados. Estas informações de grande valia para tal fim, estão consubstanciadas nos dados relativos a: número de crianças matriculadas no ensino fundamental; taxa de analfabetismo; taxa de evasão escolar, de repetência escolar; número de estudantes matriculados nos ensinos de primeiro e segundo graus; número de estudantes matriculados no ensino superior. Além disso, se constituem em dados igualmente relevantes, no que concerne ao esboço de uma ideia e de uma visão real e efetiva da realidade educacional de um país pós-moderno e de uma sociedade pós-industrial propriamente dita, o denominado analfabetismo digital e o funcional, cujas análises revelar-se-ão cruciais para garantir uma adequada compreensão do fenômeno educacional da atualidade, e o Brasil não foge a essa regra que é hodiernamente uma tendência mundial no âmbito educacional.

O Brasil apresenta uma taxa de analfabetismo correspondente a 12,4% da população brasileira em 2001, situação em que quase 13% da população brasileira com idade superior a 10 anos é analfabeta em conformidade com os últimos levantamentos efetuados a esse respeito pelo IBGE – Instituto Brasileiro de Geografia e Estatística, ou em outras palavras, existem na atualidade 16 milhões de analfabetos absolutos no país, o que se constitui em um contingente considerável dos completamente excluídos da cidadania educacional, apesar dos avanços registrados nesse campo em especial. A taxa de analfabetismo é efetivamente o principal indicador do atraso educacional de qualquer país da era pós-moderna, o qual coloca o Brasil entre as sete nações latino-americanas com taxa de analfabetismo superior a 10% ao lado de Honduras, El Salvador, República Dominicana, Bolívia, Guatemala e Haiti. O Brasil encontra-se, por conseguinte, em uma situação de relativo atraso educacional frente à maioria dos países da América Latina na atualidade.

Consideram-se atualmente, de acordo com as técnicas e métodos científicos e de análise modernos adotados pelos órgãos e instituições de pesquisa da atualidade, como sendo analfabetas as pessoas totalmente incapazes de ler e escrever um bilhete simples, ou ainda as que apenas assinam o próprio nome, bem como as que aprenderam a ler e a escrever, porém já esqueceram. Essa condição de exclusão educacional em sua totalidade, cuja denominação de analfabeta é aceita e reconhecida universalmente. Além disso, ao lado da figura do analfabetismo propriamente dito, existem ainda as modalidades do analfabetismo funcional e digital ou informático, este último resultante das transformações tecnológicas advindas do advento da sociedade e da era pós-industriais. Os primeiros estão representados por aqueles que conseguem ler e escrever de maneira rudimentar, contudo são incapazes de compreender e interpretar textos mais longos. Nestas condições acham-se, atualmente, 30 milhões de brasileiros. Em relação ao analfabetismo digital ou informático (nova modalidade de exclusão da cidadania educacional, surgido como consequência das transformações tecnológicas verificadas especialmente nas últimas duas décadas do século XX e nos primeiros anos do século XXI, já foi designado de o analfabetismo do século XXI), refere-se àqueles que não dispõem de meios informáticos ou de computadores e, portanto, não possuem acesso às tecnologias informáticas e não sabem ainda dominá-las. Nesta situação encontram-se atualmente no Brasil milhões de pessoas.

Constituem-se, da mesma forma, em indicadores do atual quadro educacional no Brasil, os indicadores relativos à evasão, à repetência escolar, ao número de alunos matriculados nos graus de ensino infantil, fundamental, médio e superior, bem como os relativos às das matrículas na educação especial. Esses dados em seu conjunto poderão fornecer uma visão adequada da situação atual da educação no país. Inicialmente, concentraremos nossas análises sobre essas estatísticas da educação no que tange aos aspectos quantitativos e qualitativos decorrentes das observações que tecemos no que tange ao número de matrículas dos alunos nos diferentes graus de ensino atualmente existentes no modelo educacional brasileiro. Estas análises são postas como de crucial relevância para que se possa compreender o grau de exclusão e de inclusão atualmente observáveis, e logicamente as suas consequências no que diz respeito às conclusões a que poderemos chegar sobre a ampliação ou não da cidadania educacional e das oportunidades relacionadas à educação.

As matrículas dos alunos, relativas ao grau de ensino infantil no Brasil, primeiramente, apresentaram um significativo crescimento nos últimos anos e já compreendem em números absolutos, os seis milhões de matrículas em 2003, em conformidade com o censo escolar efetuado pelo INEP – Instituto Nacional de Estudos Pedagógicos. Esta informação refere-se à crianças na faixa etária compreendida entre 0 a 6 anos de idade. Apesar dos recentes, mas significativos avanços, ressalta-se que dificuldades ainda persistem em relação a esse grau de ensino. O acesso a essa modalidade de escolarização ainda é pequeno no Brasil. De acordo com o IBGE – Instituto Brasileiro de Geografia e Estatística, a carência de vagas é superior a 14 milhões, o que nos confere uma ideia realista acerca da gravidade estrutural e sistêmica em que se acha a educação nacional, no que tange ao ensino infantil e sua situação correspondente no país atualmente. Não obstante esse quadro repleto de dificuldades e de obstáculos, existe um otimismo generalizado por parte das autoridades governamentais competentes em matéria educacional, uma vez que o ensino infantil se constituirá, pelas projeções atuais, no nível de ensino público que registrará maior crescimento até 2011, em conformidade com as metas do Plano Nacional da Educação – PNE, pois, ainda como projeção, o mesmo acusará uma taxa de crescimento correspondente a 130%.

Prosseguindo em nossa exposição analítica, no que concerne especificamente às matrículas dos alunos no ensino fundamental é mister destacar que o número de matrícula ultrapassa os 34 milhões, conforme levantamento preliminar do INEP efetuado em 2003. Este nível de ensino compreende aproximadamente 97% dos brasileiros na faixa etária entre 7 e 14 anos, cujo índice correspondente é considerado excelente por órgãos internacionais, como a UNESCO – Organização das Nações Unidas para a Educação, a Ciência e a Cultura. Não obstante todos esses avanços quantitativos observados no ensino fundamental no decorrer de sua evolução no Brasil o tornem comparável à dos países desenvolvidos, o mesmo não é possível afirmar no que tange ao seu aspecto qualitativo. As estatísticas mais recentes do MEC – Ministério da Educação e Cultura, relativas aos alunos matriculados na 4ª série em todo o país, revelam que 59% não sabem ler adequadamente e 52% não dominam habilidades e operações elementares da matemática. Esta é a situação do grau de ensino fundamental muito preocupante, uma vez que o mesmo corresponde a uma duração mínima de 8 anos. Devemos necessariamente ressaltar que o ensino fundamental se constituir em um grau de ensino de crucial importância para a formação e desenvolvimento mental e intelectual básicos dos alunos, cujo desempenho no decorrer desse mesmo nível revelar-se-á de primeira relevância no que concerne às possibilidades de acesso aos graus de ensino mais avançados que compõem a estrutura hierárquica e sistêmica do atual modelo educacional brasileiro.

No que tange ao grau de ensino médio, observamos atualmente no Brasil que ele se constitui na etapa do ensino que sofreu o conjunto de transformações mais profundas. Em outras palavras, não somente em termos quantitativos, mas também qualitativos, o que podemos facilmente verificar, se somente considerarmos o período compreendido entre 2002 e 2003, o acréscimo de matrículas do setor foi superior a 348 mil estudantes. Devemos frisar a esse respeito o que contribuiu em muito para esse crescimento no Brasil foi a redução da repetência no ensino fundamental. Esta afirmação corresponde à verdade pelo simples fato de que ao concluir o ensino fundamental até os 14 anos, a tendência é de que o aluno concludente daquele grau de ensino continue na escola, ingressando no grau subsequente, ou seja, no ensino médio.

Enfim, é preciso assinalar com destaque que a reforma curricular brasileira efetuada em 1998 modernizou o ensino médio.

Contudo, ainda que tenham sido registrados o maior número de avanços nesse grau de ensino em especial, o ensino médio apresenta ainda sérios problemas e dificuldades a serem solucionadas pelas autoridades governamentais brasileiras competentes em matéria educacional, como por exemplo, a alta taxa de evasão escolar correspondente a pouco mais de 70% dos matriculados que conseguem concluí-lo atualmente no Brasil. Além do mais, uma outra dificuldade que persiste em se fazer presente naquele grau de ensino diz respeito à distorção entre a série e a idade do aluno, isto é, o contraste existente entre a idade dos alunos e a faixa etária adequada para o ensino médio. Esta problemática afeta mais da metade dos estudantes brasileiros atualmente; e mais preocupante ainda, um terço desses mesmos alunos tem entre 18 e 24 anos, faixa etária em que deveriam já estar cursando o ensino superior.

Finalmente, respeitante ao ensino superior no Brasil dos primeiros anos do século XXI, verificamos um quadro preocupante: apenas 1 em cada 8 brasileiros entre 18 e 24 anos tem acesso ao ensino superior, apesar do número de matrículas relacionadas ter dobrado entre 1994 e 2001. Um dos fatores que preponderaram na configuração desse fenômeno no país foi a expansão do ensino médio, do qual um número progressivamente maior de jovens que o concluem desejam cursar uma faculdade. Entretanto, a meta do Plano Nacional de Educação – PNE é de que, até 2010, um terço dos brasileiros frequente esse estratégico nível de ensino. Em se tratando do grau de ensino superior no Brasil, vale frisar que, atualmente, uma questão polêmica vem acirrando os debates educacionais acerca da universidade adequada para o país. Esta vem a ser a questão crucial do ensino pago versus ensino gratuito, sendo que na rede privada, houve registros de os crescimentos anuais mais significativos recentemente, em que estudam 70% dos universitários brasileiros. Ao passo que na rede pública, registrou-se uma taxa de crescimento inferior a da privada, tendo aumentado em um terço o número de vagas no período compreendido entre 1994 e 2001, ressalvando-se que a ampliação ocorrida foi notavelmente inferior a da demanda, fazendo com que as vagas na rede pública estejam cada vez mais concorridas.

Continuando a trabalhar com a questão acima discutida, na atualidade as universidades federais brasileiras concentram mais da metade das matrículas existentes no ensino gratuito, e ainda mais grave, não obstante que tenham incrementado em um quarto seu número de alunos recentemente, o seu orçamento foi cortado em 70%, o que gerou um problema muito mais complexo. Esta conjuntura nacional grave, implicou na eclosão do preocupante quadro estatístico a elas correspondente, no qual presume-se que dele logicamente resultou um *déficit* de 7 mil professores e de 20 mil funcionários nesses estabelecimentos. Vale frisar que a média de 11 alunos por professor nas escolas federais é superior a das instituições particulares, nas quais há 17 alunos por professor.

Ao lado dos níveis de ensino vistos anteriormente, devemos destacar ainda uma outra modalidade de ensino denominado no Brasil de educação especial, como aqueles, também apresenta problemas de várias ordens como podemos ver a seguir. Contemplada e assegurada pela Constituição de 1988 e pela LDB atualmente em vigor em seu art. 58, a educação especial se destina a atender crianças, jovens e adultos portadores de alguma forma de deficiência física ou mental, bem como aos superdotados e também àqueles que apresentam problemas de conduta. Cumpre aqui assinalar que, segundo a orientação legal, a educação especial deve ser oferecida em todos os níveis de ensino, isto é, da educação infantil ao ensino superior, e de forma preferencial na rede regular. Neste caso em especial é designada de educação inclusiva, cujos alunos por ela beneficiados no Brasil atingem a cifra de 360 mil conforme os dados preliminares disponibilizados pelo Censo Escolar 2003, realizado pelo Instituto Nacional de Estudos Pedagógicos – INEP. O mesmo Censo Escolar de 2003 destacou que apenas um terço dos alunos com necessidades educativas especiais é atendido mediante a sistemática das classes inclusivas. Este mesmo censo coloca a Região Sudeste como a única onde há competência e habilitação dos professores para esse tipo especial de alunos. Nas outras Regiões brasileiras, o corpo docente não dispõe de preparação adequada para tal. Além disso, ressalta-se ainda que a inclusão do aluno portador de deficiência na escola comum é obstaculada por uma série de outros fatores no Brasil atualmente, dentre esses a infraestrutura inadequada dos prédios, que bloqueia o acesso de um número considerável de alunos com essas características especiais, e ainda, a insuficiência de materiais didáticos e equipamentos adequados a elas.

Diante do discutido podemos com segurança alegar que em termos educacionais, o Brasil é, ainda, um país profundamente desigual e injusto. De fato, o acesso às oportunidades educacionais é, em pleno século XXI, restrito a parcelas limitadas da população brasileira, apesar dos constantes avanços e conquistas, e por mais significativos que esses avanços e conquistas tenham sido para o crescimento da educação no país. Esta é a realidade encontrada, em praticamente todos os graus e modalidades de ensino pesquisadas pelas entidades competentes. A educação encontra-se ainda em uma fase incipiente, tanto em termos de seu resguardo como direito fundamental, como em termos práticos. Isto explica-se em razão do fato de que a disponibilização das oportunidades educacionais no Brasil é ainda obstaculada por uma série de fatores de ordem estrutural, logística, financeira e política, como em virtude das autoridades governamentais do país ainda não terem despertado, com suficiente consciência, acerca da necessidade cada vez mais urgente de dotar de um modelo educacional que de fato vá ao encontro das necessidades e expectativas da população brasileira. A implantação do referido modelo educacional, portanto, visa à capacitá-la em todo o seu conjunto, para os desafios do mercado de trabalho altamente competitivo e especializado do século XXI e de torná-la independente científica e tecnicamente falando, tanto em termos de qualificação profissional como de habilitação para a ciência e a pesquisa, uma vez que urge formar bons quadros profissionais e técnicos para garantir um futuro mais próspero e justo para uma sociedade emergente, dinâmica e complexa como é a brasileira atualmente.

# PARTE II

# 2 DIREITOS E GARANTIAS FUNDAMENTAIS

## 2.1 EVOLUÇÃO HISTÓRICA DO CONCEITO DE DIREITOS FUNDAMENTAIS

Neste espaço de conteúdo específico, abordaremos as diferentes etapas históricas que se sucederam cronologicamente no que tange às tentativas dos doutrinadores do direito de conceberem, delinearem e definirem concretamente o que viessem a ser os direitos fundamentais, tal como são entendidos em sua acepção e significado modernos. Utilizando-nos de um caminho lógico que ilustraremos oportuna e objetivamente com todos os seus desdobramentos doutrinários, metodológicos e epistemológicos, trataremos do processo gradual de formação e de amadurecimento históricos do conceito de direitos fundamentais a partir da desvinculação progressiva de sua concepção da dos direitos humanos. Tal estudo é indispensável para proporcionar uma visão adequada da evolução histórica do conceito de direitos fundamentais até atingirmos a etapa atual.

A história da concepção moderna dos direitos humanos e fundamentais se constitui em um fenômeno recente na história da humanidade, uma vez que seus pressupostos e condições básicas para o seu advento concreto somente produzir-se-iam a partir do século XVII, isto é, imediatamente após o movimento do retorno à cultura clássica greco-romana e à revalorização do homem durante o período da Renascença na Europa dos séculos XV e XVI.

Consequentemente, não se pode, de forma alguma, perder de vista o universalmente demonstrado e reconhecido fato de que os direitos humanos e fundamentais, e sua correspondente valorização como princípio de primeira importância junto ao plano axiológico e dos princípios de direito natural que norteiam a conduta humana, são fatos relativamente novos na história da civilização, o que nos impele, inexoravelmente, a frisar que os mesmos se acham atualmente em uma fase de construção e de evolução constantes e ininterruptas. Não obstante tais evidências, não há como negar que em conformidade com os primeiros registros históricos disponíveis atualmente, é que podemos constatar que foi a partir da Teoria do Direito Natural, que podemos clara e objetivamente identificar e determinar as suas raízes. Na peça Antígona de autoria do dramaturgo grego Sófocles, encenada pela primeira vez por volta do ano 441 a.C., é que se chegou à teoria dos direitos humanos no final da década de 40 do século XX.

De fato, os direitos humanos apresentaram historicamente as suas primeiras manifestações de forma muito tímida e indireta na Antiguidade Clássica, mais exatamente a partir da filosofia platônica. A obra do filósofo grego Platão foi a primeira contribuição cronologicamente registrada para a delineação futura dos direitos humanos e fundamentais. Tal como é do conhecimento geral, Platão trouxe a sua concepção filosófica fundamentada no mundo das ideias consubstanciada no diálogo "As Leis". Nesta obra em especial, ora o filósofo defende a tese de que a justiça puniria os que violassem o previamente estabelecido pelo Direito Divino e, ao mesmo tempo, advogava a ética nas relações econômicas, as quais não deveriam se constituir em um meio de enriquecimento mediante atividades ilícitas, bem como defendia a solidariedade e a felicidade.

Por outro lado, assinalamos que o passo notável na Antiguidade deu-se com o filósofo grego Aristóteles, criador da Tópica, o qual já advogava no século IV a.C. a existência de direitos naturais, peculiares à pessoa humana. Para ele todas as cidades gregas deviam necessariamente respeitar esses direitos, posto que emanavam da própria natureza humana. Em razão do fato da natureza humana, da qual emanavam, ser espiritual e livre, estes direitos derivavam dos impulsos sinderéticos, os quais, por sua vez, conduziam a criatura à busca de seu próprio bem, e da preservação de sua espécie como um todo. Devemos igualmente ressaltar que sob o ponto de vista de Aristóteles, o bem maior se consubstanciava na felicidade humana, a qual somente poderá ser efetivamente concretizada na polis, pois o homem, em razão de sua natureza, é um animal que se presta ao convívio na sociedade civil. Foi justamente em decorrência dessa concepção considerada como verdade que se originou a necessidade da existência de um Estado volvido no intuito de viabilizar a vida equilibrada dos homens em coletividade e em harmonia entre si, com o objetivo final de se atingir a virtude e a felicidade universais que todos os membros da espécie humana almejam. Aristóteles, por conseguinte, associava a ideia de igualdade com a justiça, ainda que limitada tão-somente aos cidadãos da polis grega, propriamente ditos.

É mister atentarmos para o crucial fato de que essas teorias defendidas por Aristóteles no século IV a.C., e que se constituíram no substrato teórico e doutrinário da futura Teoria dos Direitos Humanos do século XX, se alicerçavam na necessidade de se resguardar tais direitos imanentes da natureza humana de eventuais violações. A forma de considerar e de avaliar esses direitos é claramente constatada e demonstrada em disposições que integravam os códigos então vigentes nas cidades de Esparta e Roma. Esses códigos dispunham que os seres humanos que nascessem disformes ou com alguma incompatibilidade física e orgânica deveriam ser necessariamente eliminados pelos seus próprios genitores. É igualmente indispensável salientar que, ainda no período da Antiguidade Clássica, e mais exatamente três séculos após Aristóteles, em Roma, Cícero frisara em sua obra *De Legibus*, o caráter mundial dessa espécie de direitos, ao destacar que a Lei Natural que os gerava se consubstanciava em uma norma aplicável a todos os povos do Orbe conhecido na Antiguidade Clássica romana.

Todavia, é oportuno assinalar que as manifestações e elucubrações filosóficas da Antiguidade Clássica não se afiguravam ainda em valores e princípios sobre os quais se poderiam assentar as teorias que iriam embasar muito mais tarde os direitos humanos, mas sim em apenas as premissas e os pressupostos filosóficos mais remotos e elementares que, a partir de sua evolução futura, iriam inexoravelmente desaguar na materialização concreta dos direitos humanos e fundamentais no século XX. No entanto, tal como poderemos oportunamente constatar no decorrer do presente subcapítulo, as condições efetivas para que se pudesse conceber, delinear e conceituar os direitos humanos e fundamentais, somente foram produzidas a partir da Renascença, movimento cultural que, na Europa, recolocou o homem no centro das preocupações e interesses especulativos, filosóficos e científicos, juntamente com o advento do racionalismo científico de Descartes do século XVII que implicou na superação definitiva do teocentrismo feudal e das superstições religiosas a ele direta ou indiretamente relacionados.

Urge assinalar, contudo, que o período da Idade Média não foi nocivo ao desenvolvimento de uma prototeoria dos direitos humanos, bem como às primeiras manifestações históricas de seu advento constitucional, posto que a doutrina cristã foi a que mais valorizou a pessoa humana, e que concebeu a existência de um vínculo que unia o indivíduo à divindade, cuja importância foi de forma tal a ultrapassar a concepção do Estado como única unidade perfeita. Deste modo, a figura do homem-pessoa substituiu a do homem-cidadão, e nesse ponto destacamos a Escola Patrística de Santo Agostinho que, apesar de pugnar pela submissão dos direitos terrenos ao direito natural, que se constituía na manifestação pura da vontade divina, mesmo assim, a Igreja impelia necessariamente o cidadão a se submeter ao Estado, sendo considerados como hereges os inimigos desse último. Tal concepção implicava na admissão da autoridade do soberano como emanada diretamente da vontade divina.

Afiguram-se como sendo igualmente dignas de nota nessa fase histórica da Idade Média, as teorias cristãs elaboradas e defendidas por Santo Tomás de Aquino, cuja relevância é notavelmente acentuada quando trata do processo de gênese e evolução históricas de uma teoria, bem como de uma concepção moderna de direitos humanos e fundamentais. De fato, foi Santo Tomás de Aquino, quem advogou a tese de que os direitos se difundem com maior intensidade, tendo-se em vista o caráter universalista da religião cristã. Essa característica que tipifica e identifica indistinta e claramente o Cristianismo, se assenta em seu traço essencialmente humanitário, que faz com que a religião cristã não privilegie apenas um único povo no aspecto da garantia e proteção dos direitos humanos, mas sim abrange todos os povos da humanidade, sem qualquer distinção ou discriminação excludente.

Com base na discussão apresentada, não há como negar que "a religião cristã, pelo seu universalismo, representa um código de posturas e condutas humanas que priorizam a questão dos direitos humanos em um nível de abstração tal que generaliza sem discriminações".[49] Essa visão e concepção cristãs acerca do alcance da proteção dos direitos humanos aos seus destinatários e beneficiários correspondentes, veio a se firmar, na época, como um progresso de magnitude e intensidade para um período conturbado e tenebroso como foi a Idade Média, constituindo em um passo revolucionário para os direitos humanos e fundamentais e sua respectiva garantia uma realidade concreta e objetiva, em um período histórico significativamente mais adiantado cronologicamente que viria a ser o século XX.

Foi por meio de Santo Tomás de Aquino, no período medieval, por conseguinte, que foi conferida à doutrina dos direitos humanos um retoque fundamental, associando-se a Lei Natural à Lei Divina de forma una e indissociável, vislumbrando-se e identificando-se a vontade divina nos direitos dos seres humanos e de suas coletividades respectivas. O caráter universalista cristão, ampliou notavelmente o seu alcance e raio de abrangência nessa época em especial, não se afigurando surpresa o fato de que Tomás de Aquino, pioneiramente, na esfera legal, classificar as leis de três formas, quais sejam: em *lex aeterna*, a qual origina-se da razão divina; em seguida *lex naturalis*, a que é conhecida pelos homens por meio da razão, e se constitui na reprodução imperfeita e imparcial da *lex aeterna*, e, enfim, a *lex* humana, que tal como se pode depreender de seu termo é produto do homem.

Dada a relevância que representou a doutrina de Santo Tomás de Aquino para a futura delineação e formulação concretas

---

[49] LEAL, Rogério Gesta. *Direitos humanos no Brasil*: desafios à democracia. Porto Alegre: EDUNISC/Livraria do Advogado, 1997, p. 24.

da teoria e do conceito de direitos humanos e fundamentais que se tornara historicamente realidade, apenas a partir da década de 40 do século XX, é que constatamos que "a lei natural, na filosofia tomista, é a participação da criatura racional na lei eterna. É um reflexo parcial da razão divina, que permite aos homens conhecer princípios da lei eterna".[50] Por conseguinte, esse princípio que fundamenta a teoria tomista é particularmente importante para a evolução na época medieval, a partir da formação e introdução efetivas de uma corrente do pensamento filosófico do cristianismo que advogava claramente o acesso universal e irrestrito de todos os seres humanos sem quaisquer forma de discriminação ou distinção aos princípios da lei eterna, fazendo com que os mesmos possam ser realmente beneficiados pela visão igualitarista e solidarista da religião cristã, criando dessa forma os reais pressupostos para a futura eclosão dos direitos humanos e fundamentais no século XX da era cristã.

A doutrina dos direitos humanos de Santo Tomás de Aquino fora oportunamente tratada e abordada por Suarez, um dos criadores do moderno Direito Internacional Público, no século XVII, o qual explicou-a detalhada e objetivamente em sua obra *De Legibus ac de Deo Legislatore*. Foi justamente a partir da eclosão dessas ideias que se tornou possível formular, ainda que com significativa lentidão, a designada Doutrina Cristã de Guerra Justa, a qual resultara basicamente do pensamento e das práticas filosóficas de Santo Agostinho e de Santo Isidoro de Sevilha. Esse conceito supracitado contribuiu significativamente para a humanização gradual das relações jurídicas internacionais, vindo a imprimir de forma progressiva um caráter humanista, bem como uma guinada nos princípios e valores que até então predo-

---

[50] NADER, Paulo. *Filosofia do Direito*. 5. ed. Rio de Janeiro: Forense, 1996, p. 124.

minavam nas relações internacionais. Tudo isto juntamente com Vitória (o verdadeiro criador do Direito Internacional moderno, o qual sustentara que todos os navegantes e marinheiros honestos dispunham do *jus transitus inoxii*, isto é, da faculdade de trânsito inofensivo), renovou e modernizou significativamente as relações jurídicas internacionais desde então.

Por outro lado, é bom lembrar, que o homem se distingue dentre todas as criaturas oriundas da criação divina justamente pela sua racionalidade, o que faz com que este se aproxime inexoravelmente de Deus, vindo por sua vez a criar as condições adequadas para a existência de um direito natural.

Simultaneamente, verificara-se na Europa um fenômeno nocivo e desfavorável à observância dos direitos à liberdade de expressão do pensamento e da livre produção intelectual e científica do indivíduo, num total desrespeito aos direitos humanos básicos do ser humano: a instituição da Inquisição. Com a ação repressora e reacionária da Igreja, que institui o instrumento coativo e retrógrado da Inquisição – constituindo-se em uma das páginas obscuras da Igreja Católica – um dos mais profundos retrocessos ocorridos durante a Idade Média no continente europeu. A Inquisição se constituía em um sistema penal criado apenas para extrair confissões dos eventuais suspeitos de contrariar os princípios da religião cristã, bem como de identificar e punir os designados hereges pela Igreja Católica de então. A inquisição adotava no período medieval instrumentos completamente proibidos e condenáveis quer pelos princípios básicos dos direitos humanos, como pela Igreja Católica da época. Como exemplo, temos a tortura que foi amplamente utilizada naquela fase histórica, como meio de subtrair confissões de eventuais adversários e opositores das ideias e valores que a Igreja Católica e o próprio Estado reputavam como sendo invioláveis. As confissões, quando obtidas, eram oportunamente forçadas e legitimadas por um conjunto de documentos e textos legais e jurídicos originados do direito romano. Essas normas e leis caracterizaram todo um período histórico marcado pelo terror e pelo pavor à formulação das críticas e objeções contrárias às formuladas oficialmente pelo Estado da época numa ímpar demonstração de tirania, de injustiças e de arbitrariedade nunca vistas e cometidas até então, na história da humanidade.

Todavia, apesar de todo o conjunto de suas contribuições positivas e negativas para o desenvolvimento das modernas teorias e concepções dos direitos humanos e fundamentais, o Cristianismo não foi um fator determinante, tampouco viabilizou o processo de institucionalização dos direitos da personalidade contra o Estado. Em outras palavras, ainda que tenha se verificado historicamente o advento de um poder que se acreditava originado da vontade divina, que valoriza a pessoa humana, não foi acompanhado de uma correspondente instrumentalização das garantias ou mecanismos para a sua proteção, não havendo assim a positivação constitucional de seus respectivos direitos. Não obstante tudo isso, dentro desse quadro histórico, caracterizado e delineado na Europa daquela época, foram criadas, objetivamente, as condições para a eclosão de uma genuína tradição de garantias, a qual, por sua vez, deu margem ao surgimento efetivo de uma doutrina contratualista, que teve como efeitos mais notáveis a inversão da fonte e da origem do poder divino da forma como era concebido e observado até então para a universalidade humana como um todo.

Pôde-se dessa forma, reconstruir os primeiros passos concretos historicamente registrados na evolução de uma teoria e de uma definição modernas do que venham a ser os direitos humanos e fundamentais. Esta reconstituição histórica foi possível, ao ser objetivamente identificado o seu marco inicial na Idade Média, mais exatamente na Magna Carta Libertatum na Inglaterra, datada de 1215 e posta em prática em 1225. Esta Carta estabelecia um acordo entre o rei da Inglaterra João Sem Terra e seus súditos relativamente aos direitos da Coroa. A Magna Carta de 1215, que continha em seu bojo 63 preceitos limitadores do poder monárquico, típicos da liberdade civil, constituíra-se, portanto, em um verdadeiro divisor de águas na evolução e nos desdobramentos históricos que dariam margem a uma teoria e concepção modernas dos direitos humanos e fundamentais no século XX. Isto explica porque esse acontecimento sem precedentes na história da humanidade assinala de forma inequívoca a primeira preocupação do Estado e dos poderes institucionais frente à proteção e garantia dos direitos das massas populares e das classes sociais menos favorecidas.

Com o passar dos anos e das gerações humanas, ou em outras palavras, com o fluir dos séculos e das eras históricas, outros documentos legais passaram a se constituir em instrumentos ainda mais vigorosos e abrangentes no processo de afirmação ascendente da consciência acerca da importância dos direitos humanos e fundamentais da pessoa humana, a qual acompanhou a crescente sensibilização cívica e ética da humanidade rumo a um mundo e a uma sociedade humana mais justo e igualitário. Os documentos legais que se sucederam cronologicamente à Magna Carta inglesa de 1215, no que diz respeito aos princípios e valores relativos aos direitos humanos e à sua observância e proteção, foram respectivamente, a Petição de Direitos de 1627, o Bill of Rights de 1668 e o Ato de Estabelecimento de 1701, todos promulgados na Inglaterra. Se somavam a esses resultados históricos, em matéria de direitos humanos, a Declaração de Virgínia de 1776, bem como a Declaração da Independência dos EUA de 1776, à declaração dos Direitos do Homem e do Cidadão de 1789 na França pós-revolucionária e, por fim, a declaração Universal dos Direitos do Homem formulada pela ONU em 1948 e marco inicial oficial moderno dos direitos humanos e fundamentais da história da civilização.

Retomando o fio da evolução histórica no processo de formulação da teoria e dos conceitos de direitos humanos e fundamentais modernos, anteriormente trabalhada, pudemos dizer que foi a partir da fase final da época moderna da história em particular, isto é, a partir dos séculos XVII e XVIII, que surgiram os primeiros movimentos de cunho filosófico e políticos volvidos no sentido de promoverem mudanças concretas. O Iluminismo se destaca dentre todos os movimentos que eclodiram naquela época, se afigurando como um divisor de águas no que tange à efetiva delineação e definição de uma teoria e de uma concepção modernas dos direitos humanos e fundamentais. Este fato é possível constatar ao aludir os princípios da igualdade, liberdade e fraternidade, lemas e objetivos principais do movimento iluminista francês que vieram a se constituir nos pressupostos e nos nortes básicos que orientaram e serviram de substrato lógico para o advento de duas revoluções cruciais pela efetiva observância, garantia e proteção dos direitos humanos e fundamentais. Estes acontecimentos históricos viriam a ser consubstanciados pelas revoluções Americana e Francesa do final do século XVIII, as quais se constituíram em marcos de primeira relevância para a evolução cívica, humanizadora e universalista da civilização ocidental como um todo até o estágio em que se encontra atualmente.

Considerando-se o que foi exposto anteriormente, os direitos humanos e sua proteção se constituem em um fenômeno historicamente recente, advindo da crescente conscientização cívica e ética da humanidade, cuja progressiva observância e proteção são diretamente proporcionais ao grau de evolução da consciência cívica, moral e solidária humanas, e cuja manifestação correspondente se fez sempre mais evidente e palpável junto às mais diversas sociedades ocidentais somente à partir do século XVIII, com a eclosão das revoluções Americana e Francesa. Essas revoluções se afiguraram por si sós nos maiores sopros de liberdade e de igualitarismo universalistas e humanistas que se verificaram antes e por certo tempo depois da época de seu advento. Da mesma forma, a teoria e as respectivas concepções e definições relativas aos direitos humanos e fundamentais, igualmente se constituem em termos e conceitos formulados pelos mais diversos doutrinadores nacionais e internacionais em datas significativamente recentes na história da civilização ocidental.

Faz-se necessário destacar que, foi apenas na civilização europeia e norte-americana, dos últimos dois séculos e meio, que a consciência e a sensibilização acerca da importância da concretização da observância, da garantia e da proteção dos direitos humanos e fundamentais se tornaram uma realidade efetiva, quer em termos políticos, como constitucionais e axiológicos.

Antes de procedermos à análise e a comentar os diversos conceitos e definições de direitos humanos e fundamentais resultantes dessa evolução histórica em especial, convém citar, que em decorrência do conjunto de transformações políticas, econômicas e sociais advindas das revoluções Industrial, Americana e Francesa a partir do final do século XVIII, e ao longo do século XIX na Europa e na América do Norte, ocorrera a ascensão de uma classe social diretamente relacionada com esses acontecimentos históricos que veio a ser a burguesia, sobretudo a burguesia industrial. A partir de então, o homem, e não mais Deus, passa a ser considerado como o centro das preocupações intelectuais e filosóficas dentro dos círculos seletos e privilegiados da civilização ocidental europeia e norte-americana, uma vez que, com as transformações decorrentes das revoluções no pensamento, consubstanciadas pela Renascença e pela Revolução Cientificista de Descartes dos séculos XVI e XVII, bem como pelas grandes transformações de ordem econômica, social e política representada pelas Revoluções Industrial, Americana e Francesa do final do século XVIII, com evidentes reflexos no decorrer do século XIX, deram inexoravelmente margem a uma nova concepção jurídica fundamentada no jusnaturalismo, alicerçada por sua vez nos princípios da igualdade formal e da universalidade do direito. Assinalamos, com a mesma ênfase, que a Idade Moderna, precursora da Idade Contemporânea, na qual se verificaram as revoluções supracitadas, que se constituíram no marco inicial da observância e proteção dos direitos humanos e fundamentais na América do Norte primeiro e na Europa imediatamente depois, se caracterizara, basicamente, pela ruptura definitiva do direito natural em relação à religião. Isto porque a partir de então, o direito natural integra a esfera da racionalidade impelindo necessariamente no fato de que os mesmos são uma decorrência da razão humana, vindo dessa forma o direito a ser produto da razão. Esta nova verdade ou este novo paradigma fez do homem o objeto central da filosofia jusnaturalista e do direito natural o substrato imanente para a formulação do direito positivo como ordenamento jurídico do aparato estatal.

É sabido que o jusnaturalismo tem se difundido e se estendido a toda a Europa e América desde o século XVII, vindo o mesmo a ser o fundamento e o substrato doutrinários a partir dos quais seriam formuladas as declarações de direitos básicos do indivíduo no século XVIII. Estas, por sua vez, se tornaram em fontes emanadoras dos direitos fundamentais do ser humano, ainda que de modo essencialmente solene e formal. Esses documentos e textos oficiais de caráter universal se constituíram objetivamente em manifestos políticos das ascendentes burguesia industrial e proletariado, classes sociais cuja importância e influência na estruturação e divisão do poder passou a aumentar notavelmente junto ao seio das sociedades ocidentais. Em razão disso, os direitos individuais passaram, a partir do advento das declarações norte-americana e francesa do final do século XVIII, a ser apenas declaradas e logicamente oficializadas pelo Estado, uma vez que já a partir daquele momento histórico em diante aceitara-se definitivamente o fato de que os mesmos derivavam de um direito imanente, anterior e independente da existência do corpo estatal, isto é, eram eles extraídos da natureza humana, sendo em outras palavras, uma decorrência do direito natural.

A essa altura do presente estudo carece frisar as diferenças entre o jusnaturalismo e a escola tomista do período medieval, qual seja:

> *A Escola do Direito Natural ou do Jusnaturalismo distingue-se da concepção aristotélico-tomista por este motivo principal: enquanto para Santo Tomás primeiro se dá a 'lei' para depois se pôr o problema do 'agir segundo a lei', para aquela corrente põe-se primeiro o 'indivíduo' com seu poder de agir, para depois se pôr a 'lei'. Para o homem do Renascimento o dado primordial é o indivíduo, como ser capaz de pensar e agir. Em primeiro lugar está o indivíduo, com todos os seus problemas, com todas as suas exigências. É da autoconsciência do indivíduo que vai resultar a lei.*[51]

E é justamente nesse contexto histórico que caracterizou essencialmente os séculos XVIII e XIX, que se verificaram as Revoluções Americana e Francesa de caráter liberal. A partir deste momento da história, a doutrina referente aos direitos

---

[51] REALE, Miguel. *Filosofia do direito*. 16ª ed. São Paulo: Saraiva, 1994, pp. 645-646.

básicos e individuais passou a se consubstanciar em sólidas bases jusnaturalistas, vindo a se constituir na diretriz fundamental e irrenunciável de todos os textos e documentos constitucionais elaborados e promulgados desde então. Foi a partir do século XIX que, efetivamente, todas as constituições ditas democráticas passaram necessariamente a contemplar e a incluir em seus respectivos textos o disposto na Declaração dos Direitos do Homem, e passaram a desempenhar, desde então, uma importante função pública e institucional, como a de limitar os poderes do Estado, além de contribuir decisivamente para a definitiva concepção e caracterização modernas do Estado Democrático de Direito, vindo a distingui-lo efetivamente do regime de exceção ou governo ditatorial, posto que esse último invariavelmente desrespeita e viola os direitos básicos fundamentais da pessoa humana.

As Declarações de Direitos promulgadas a partir do século XVIII na França e na América do Norte, apresentavam em seu bojo duas modalidades de direitos, organicamente dispostas em duas secções que integravam o seu todo. As Declarações de Direitos possuíam uma secção inicial que dispunha acerca dos direitos políticos ou de cidadania, e de uma segunda que dizia respeito à abordagem dos direitos individuais relativos ao ser humano contemplado em sua dimensão universal. No entanto, os direitos políticos dizem respeito à qualidade ou ao atributo soberano de cidadão nacional, com todas as suas faculdades correspondentes, isto é, aos direitos advindos da nacionalidade, formação do corpo eleitoral, à faculdade de votar e de ser votado, de constituir partidos e agremiações políticas, de ter acesso aos cargos públicos, dentre outros, direitos esses que variam espacial e temporalmente conforme as modificações que se processarem nas ordens política e jurídica em todos os Estados da atualidade. Já os direitos fundamentais dignos dessa designação referem-se às faculdades e atributos naturais da pessoa humana, os quais se caracterizam pelo fato de que permanecem constantes e imutáveis em todas as épocas e lugares, e fundamentam-se no princípio básico de que todos os homens nascem livres e iguais em direitos, representados em primeiro lugar, pelo direito à vida, em razão de sua maior relevância frente aos demais, já que pressupõe todos os outros, quais sejam, o direito à liberdade, à segurança, à resistência, ao trabalho, à moradia, à saúde, à educação, ao lazer, além de outros e abrangem todos os homens sem qualquer forma de distinção ou discriminação.

Diante da discussão pôde-se depreender que a partir das Revoluções Francesa e Americana do século XVIII, estavam criados os pressupostos e as condições básicas para a formulação e elaboração efetivas de uma teoria, bem como, de concepções e definições concernentes aos direitos humanos e fundamentais em suas acepções e sentidos modernos, o que abriu caminho para as conceituações levadas a efeito pela doutrina moderna e pelos seus diversos representantes seja em nível nacional como internacional, a partir do século XX.

Considerando o discutido até então, podemos passar a analisar os conceitos modernos de direitos, inicialmente alterando as considerações sobre direitos humanos com base nas doutrinas contemporâneas e no estudo das últimas interpretações de teóricos que se destacam na atualidade, e em seguida, encaminhamo-nos no processo de entendimento e definição dos direitos fundamentais, objeto do presente subcapítulo.

Primeiro, portanto, devemos concentrar nossos esforços e atenções para definirmos os direitos humanos, para, depois, podermos obviamente definir os direitos fundamentais com base na doutrina dominante na atualidade, ou, em outras palavras começaremos por citar os direitos humanos como sendo:

> *[...] o conjunto de faculdades e instituições que, em cada momento histórico, materializam as exigências da*

*dignidade, da liberdade e da igualdade humanas, as quais devem ser reconhecidas positivamente pelos ordenamentos jurídicos a nível nacional e internacional.*[52]

Assim considerando é possível constatar que os direitos humanos se constituem nos atributos próprios dos seres humanos e, portanto, inerentes à sua natureza intrínseca sendo imanentes a toda e qualquer ordem estatal previamente estabelecida em qualquer época histórica considerada para efeitos de análise, e em razão da extrema relevância dos mesmos para a garantia da segurança e da justiça sociais das coletividades humanas. Esse conjunto de fatores impele necessariamente a entender que os direitos humanos devem inexoravelmente ser contemplados e protegidos pelos ordenamentos jurídicos positivos, quer em nível local, como nacional e mundial, sob pena de solapar todo o avanço civil e humanístico da sociedade ocidental obtido há mais de dois séculos.

É inegável, portanto, que o jusnaturalismo conseguiu firmar-se como a corrente mais adequada e objetiva para o correto tratamento e compreensão dos direitos humanos e de sua respectiva definição, porque ao serem eles produto de princípios imanentes do ser humano são logicamente resultado do direito natural, o que nos conduz a sublinhar que os mesmos sempre existiram e sempre existirão. Fatores e razões essas relativamente à natureza dos direitos humanos que nos induzem necessariamente a assertiva que:

> *Hodiernamente, são considerados direitos humanos aqueles que emergem do próprio ser dos seus titulares, ou seja, que emergem dos seres humanos; direitos que são inerentes ao homem. Portanto, tem-*

---

[52] LUÑO Antonio Enrique Perez. Derechos humanos y constitucionalismo en la actualidad. *In*: _____ (Org.). *Derechos humanos y constitucionalismo ante el tercer milenio*. Madrid: Marcial Pons, 1996, p. 48.

> *se uma concepção jusnaturalista: direitos humanos corresponderiam ao direito natural.*[53]

Por conseguinte, os direitos humanos devem ser concebidos e definidos necessariamente à luz do direito natural e da teoria jusnaturalista, uma vez que se acham estritamente relacionados com princípios imanentes da natureza humana que sempre existiram e sempre existirão independentemente do advento do Estado e de sua organização e aparato complexos que o caracterizam, vindo os mesmos a se constituírem em direitos próprios do ser humano e de sua realidade subjetiva. Isso implica afirmarmos que os direitos humanos se constituem em autênticas expressões de princípios do direito natural que refletem o universo ético e axiológico da coletividade humana, vindo, portanto, a se afigurarem em manifestações do espírito e da subjetividades humanas em toda a sua integralidade e formas correspondentes, quer em termos individuais como sociais.

Há que se entender e definir direitos humanos de forma a sempre associarmos em seu conceito os seus referenciais obrigatórios: o ser humano e o direito natural. É justamente por esta razão que os direitos humanos são princípios imanentes que independem da ação organizada estatal e de sua respectiva estrutura pública. Dessa forma, em conformidade com a doutrina atual, qualquer tentativa de conceituá-los, que não observe esses elementos será fadada ao fracasso. Por conseguinte, os direitos humanos também "são direitos que não resultam de uma concessão da sociedade política. Pelo contrário, são direitos que a sociedade política tem o dever de consagrar e garantir".[54]

---

[53] SANTOS, Cleber Mesquita dos Santos. *Os direitos humanos, o Brasil e o desafio de um povo.* São Paulo: LTR, 1998, p. 13.

[54] HERKENHOFF, João Baptista. *Curso de direitos humanos*: gênese dos direitos humanos. São Paulo: Acadêmica, 1994, p. 30.

Os direitos humanos da forma como são concebidos e definidos atualmente, se constituem, portanto, num produto histórico recente, resultante de toda uma série de fases evolutivas que se verificaram cronologicamente nos registros da civilização ocidental em etapas iniciais de sua história, já que as suas raízes mais remotas de que se tenha conhecimento remontam ao período da Antiguidade Clássica.

Na Grécia do século V a.C., mais exatamente, quando da estréia da peça Antígona em 441 a. C. de autoria do dramaturgo grego Sófocles é que vamos encontrar as origens mais recuadas no tempo do direito natural e de seus respectivos princípios, os primitivos direitos humanos. Por conseguinte, foi na literatura grega da Antiguidade que se acham as origens primeiras dos direitos humanos e de sua teoria hodiernas cuja nascente foi a teoria do direito natural presente na peça Antígona, os quais marcaram presença na história da humanidade desde então. Esses elementos atravessaram quase vinte e cinco séculos até se firmarem definitivamente com a teoria dos direitos humanos no final da década de 40 do século XX, teoria esta que por sua vez se caracteriza por ser uma versão modernizada do jusnaturalismo.

A teoria dos direitos humanos da atualidade, de fato, possui várias vantagens frente às que a precederam em épocas historicamente anteriores. A teoria dos direitos humanos da atualidade pode contar com a garantia de sua positividade. Essa objetividade resulta do fato dessa teoria ser manifestada objetivamente nos textos das declarações de direitos com toda a solenidade e a pompa características das revoluções que as proclamaram ou ainda nos preâmbulos de todas as constituições modernas, e também do fato de ser contemplada e observada pela comunidade das nações da atualidade mediante a sua inserção positiva em tratados internacionais. Em decorrência desses desdobramentos históricos e evolutivos que fizeram da moderna concepção dos direitos humanos e de sua respectiva teoria uma realidade axiológica e valorativa universalmente aceita, quer em termos nacionais como internacionais, pelas mais diversas sociedades humanas da atualidade, é que o conceito de direitos humanos passou a sofrer uma variação importante. Em virtude disso, vieram a se distinguir os direitos que são contemplados e consagrados pela comunidade mundial das nações mediante tratados internacionais, que se constituem nos direitos humanos propriamente ditos, dos direitos e garantias constitucionais consagrados nos ordenamentos jurídicos internos de cada país. Ainda que se trate da mesma espécie de direitos variam apenas, a sua dimensão espacial e os meios de proteção respectivos.

Verificou-se, objetivamente, desde o fim da Segunda Guerra Mundial, uma valorização ampla e irrestrita dos direitos humanos em âmbito mundial, sobretudo, a partir da Declaração Universal dos Direitos do Homem pela ONU em 1948. Este acontecimento ensejou a existência de declarações e de tratados internacionais que vieram a contemplá-los e incluí-los em seus bojos internos, ocasionando dessa forma, o surgimento de duas concepções e definições respectivas de direitos: os direitos humanos na acepção de direitos observados na esfera internacional e os direitos fundamentais contemplados nos planos constitucionais internos de cada nação. Foi, portanto, nesse contexto histórico da segunda metade do século XX em diante, que se deu o surgimento da 2ª, 3ª e 4ª gerações de direitos, quais sejam: os direitos sociais e econômicos, direito ao desenvolvimento e proteção do meio ambiente e do patrimônio artístico, intelectual e cultural da humanidade além da ética profissional, do sigilo informático e da bioética. Esses se acrescentaram aos já existentes direitos de 1ª geração ou civis e políticos, dando-se margem à efetiva concepção e caracterização dos direitos humanos no plano internacional, como sendo completamente distintos dos direitos fundamentais consagrados pelos ordenamentos jurídicos positivos internos de todos os países da atualidade com suas respectivas garantias constitucionais. Este novo estágio de evolução dos direitos humanos veio a ampliar e modernizar os seus conceitos, sobretudo dos direitos fundamentais ao situá-los e enquadrá-los em uma óptica doutrinal moderna e atual.

Os direitos fundamentais adquiriram, como consequência da realidade histórica e política produzida após a Segunda Guerra Mundial, todo o dinamismo e a complexidade resultantes da transformação das relações humanas para padrões cada vez mais ramificados e heterogeneamente organizados com elementos e aspectos adjuntivos, os quais impeliram inexoravelmente a doutrina moderna a adotar em seu universo conceptual, as mais diversas definições e conceitos de forma a poderem melhor espelhar a dinâmica e mutável realidade social e ética ensejadora de novos direitos, valores e princípios e, por conseguinte, de novos e mais abrangentes conceitos de direitos fundamentais. Em outras palavras, a época atual, em razão de suas características extremamente dinâmicas e mutáveis que a tipificam, ocasionou o surgimento, dentro do âmbito doutrinário dos constitucionalistas modernos, de diversos conceitos e definições atuais de direitos fundamentais; todas produtos dessa evolução histórica até agora comentada, cujos respectivos substratos e alicerces doutrinário se acham revestidos de todo esse conjunto de princípios e de valores que se perpetuaram, se consolidaram e se firmaram até serem oportunamente positivados pelos mais diversos textos constitucionais da atualidade.

Inicialmente, tendo-se em vista a sua importância e interesse para as comunidades acadêmica, científica e profissional do direito da atualidade, em razão de sua objetividade científica e conceptual, bem como pelo seu valor e clareza didáticas, é que começaremos oportunamente a definir que os direitos fundamentais "são as posições jurídicas subjetivas das pessoas enquanto tais, individual ou institucionalmente consideradas, assentes na Constituição".[55] Consequentemente, quando nos referirmos aos direitos fundamentais deveremos necessariamente considerar o grau de institucionalização, de garantia e de proteção constitucionais em seu bojo conceptual, uma vez que a sua positivação nos textos constitucionais internos de todo e qualquer país da atualidade propriamente dito é pressuposto indispensável para que essa categoria de direitos seja efetivamente assegurada e contemplada em seu ordenamento jurídico positivo respectivo, tipificando e caracterizando, por meio desses traços em especial, essa modalidade específica de direitos humanos básicos.

Por outro lado, devemos assinalar com a ênfase que lhe é devida o fato de que não se constitui em um empreendimento facilmente executável o labor intelectual representado pela tarefa de, oportuna e corretamente, conceber e definir o que venham a ser os direitos fundamentais. Tais direitos, em virtude da ampliação e da transformação intensas e constantes que se tem processado no decorrer da evolução histórica, tem progressivamente implicado na inclusão de outros elementos e aspectos relativos à sua adequada definição. Todos esses tópicos que se acrescentam cotidianamente ao seu bojo conceptual vêm a dificultar sobremaneira uma conceituação sintética e com o adequado caráter de exatidão na formulação concreta de seu conceito. Outras dificuldades se sobrepõem à efetiva tentativa de conceituação dos direitos fundamentais na atualidade, consubstanciadas, dentre outras, na existência de uma variada diversidade de expressões utilizadas para designá-los, já que os mesmos podem ser igualmente denominados segundo as diferentes correntes

---

[55] MIRANDA, Jorge. *Manual de direito constitucional.* vol. II, 2ª ed. Coimbra: Coimbra, 1988, p. 7.

da doutrina atualmente vigentes como sendo direitos naturais, direitos humanos, direitos humanos fundamentais, direitos do homem, direitos individuais, direitos públicos subjetivos, liberdades fundamentais, liberdades públicas, liberdades coletivas e, enfim, direitos fundamentais do homem. É importante ressaltar que atualmente é universalmente reconhecido, pela doutrina, que os direitos humanos fundamentais acham-se profundamente relacionados com a garantia da não intromissão do aparato estatal na esfera individual e à consagração da dignidade humana.

Tendo-se em vista esse conjunto de dificuldades e de obstáculos de cunho científico, doutrinário e jusfilosófico que influem nas tentativas atualmente efetuadas pelos mais diversos constitucionalistas e jusfilósofos pertencentes às mais diferentes correntes doutrinárias, é que somente poderemos recorrer àqueles autores que tenham logrado definir o que venham a ser os direitos fundamentais da forma mais realista, correta, atual e abrangente possível, ou seja, definições que reflitam bem como traduzam de forma mais próxima da realidade subjacente dos fatos que influem nos mais diversos intentos doutrinários volvidos a defini-los o mais pertinentemente possível. Por conseguinte, não nos surpreende, que uma das definições conceptuais mais eficazes e que melhor traduzem os direitos fundamentais em toda a sua abrangência e multiplicidade de aspectos e elementos tenha sido elaborada e formulada ao entender "numa concepção compreensiva, que os direitos fundamentais não apenas abrangem os clássicos direitos de liberdade, mas também os direitos sociais, não somente as garantias individuais, mas ainda os direitos coletivos de organizações".[56]

A definição de direitos fundamentais supracitada, por conseguinte, foi uma tentativa bem sucedida, uma vez que reconhece

---

[56] CANOTILHO, José J. Gomes; MOREIRA, Vital.. *Fundamentos da Constituição*. Coimbra: Coimbra, 1991; p. 105.

e abrange as diversas categorias e modalidades de direitos, com o ritmo das transformações e modificações que se verificaram desde a segunda metade do século XX até os primórdios do século XXI, ou seja, até a atualidade. Não podendo ser de outra forma, o constitucionalista português José Joaquim Gomes Canotilho também contemplou aqueles elementos e categorias no bojo conceptual correspondente por ele formulado.

O conceito moderno de direitos fundamentais, por conseguinte, precisa necessariamente levar em consideração tanto os direitos clássicos da liberdade conquistados por meio das Revoluções Americana e Francesa dos fins do século XVIII (as liberdade civis e políticas, tais como as liberdades de pensamento, o direito à vida, à liberdade física, à igualdade, à propriedade, a ser votado, a votar, a constituir partidos políticos, associações populares, dentre outros que se constituíram nos direitos de 1ª geração, considerando a sua relevância junto à viabilização prática das garantias constitucionais relativas aos direitos básicos do indivíduo), bem como os direitos sociais. Este fato pode ser facilmente compreendido uma vez que os direitos sociais, ao visarem resguardar e impedir que as desigualdades se verifiquem entre os seres humanos, se propõem a assegurar as condições mínimas para a justiça social, os mesmos direitos universais às benesses proporcionadas pelo desenvolvimento econômico e à igualdade de oportunidades (como, por exemplo, o direito ao trabalho, à saúde, à educação, à cultura, ao lazer, ao justo salário, o direito de greve, às férias, ao repouso semanal, além de outros) que se constituem nos direitos de 2ª geração, tendo em vista a significativa relevância desses direitos para assegurar as condições mínimas para uma existência digna e politicamente correta do ser humano, quer em termos individuais como coletivos.

Os direitos fundamentais, vieram a abranger atualmente um conjunto ainda mais amplo de direitos e garantias individuais e coletivas, em razão da crescente complexificação das relações humanas, bem como em virtude do surgimento de novas demandas e perspectivas de cunho social, econômico e cultural. Essas perspectivas por sua vez, influíram e influem notavelmente na esfera dos novos interesses e anseios coletivos e universais das sociedades humanas desde a segunda metade do século XX, o que implicou necessariamente no surgimento dos direitos de $3^a$ e $4^a$ gerações, representados pelos direitos ao desenvolvimento econômico, à paz, à proteção do meio ambiente, à proteção do patrimônio artístico, cultural e intelectual da humanidade, ao sigilo informático, à imagem e éticas profissionais e à bioética, que por sua vez ensejam uma correspondente positivação e institucionalização constitucionais com vistas à proteção e garantias efetivas dos mesmos junto aos ordenamentos jurídicos internos. Esse contexto histórico e jusfilosófico, obviamente, também influiu junto às modernas tentativas de se efetuarem definições acerca do que venham a ser objetivamente os direitos fundamentais na atualidade, vindo a demonstrar a necessidade de se construírem definições as mais complexas e abrangentes possíveis, de forma a incluir em seu bojo todos os diversos aspectos e elementos que se acham inseridos no contexto conceptual moderno de direitos fundamentais, com toda a sua correspondente riqueza e variedade de componentes e interesses que logicamente o compõem na era pós-moderna avançada, caracterizada pela proliferação das sociedades pós-industriais.

Dada a sua relevância para compreendermos a complexidade e a abrangência do bojo conceptual dos direitos fundamentais com base na realidade complexa do século XXI provocada por um constante, intenso e acelerado processo de transformações, sobretudo a partir das décadas finais do século passado, é oportuno apresentar direitos fundamentais definidos hodiernamente, como se segue:

> *Direitos fundamentais do homem constitui a expressão mais adequada a este estudo, porque, além de referir-se a princípios que resumem a concepção do mundo e informam a ideologia política de cada ordenamento jurídico, é reservada para designar, no nível do direito positivo, aquelas prerrogativas e instituições que ele concretiza em garantias de uma convivência digna, livre e igual de todas as pessoas.*[57]

É possível, nos dias hodiernos, ainda definir os direitos fundamentais em razão de sua relevância, atualidade, diversidade e abrangência conceptuais e doutrinárias, como reflexo de toda a evolução histórica bem como do avanço do humanismo cívico e moral que progressivamente mais influiu, com o aproximar-se dos tempos modernos, no processo de constitucionalização efetiva de tais direitos. Isto pode ser facilmente compreendido mediante a esclarecedora definição formulada por Alexandre de Moraes, segundo o qual os direitos fundamentais são:

> *[...] o conjunto institucionalizado de direitos e garantias do ser humano que tem por finalidade básica o respeito a sua dignidade, por meio de sua proteção contra o arbítrio do poder estatal e o estabelecimento de condições mínimas de vida e desenvolvimento da personalidade humana pode ser definido como direitos humanos fundamentais.*[58]

---

[57] SILVA, José Afonso da. *Curso de direito constitucional positivo*. 13ª ed. São Paulo: Malheiros, 1997, pp. 174-177.
[58] MORAES, Alexandre de. *Direitos humanos fundamentais:* teoria geral, comentários aos arts. 1º a 5º da Constituição da República Federativa do Brasil, doutrina e jurisprudência. São Paulo: Atlas, 1998, p. 39.

## 2.2 OS DIREITOS FUNDAMENTAIS NA VISÃO CONSTITUCIONAL BRASILEIRA

Considerando-se a análise efetuada acerca da evolução e do desenvolvimento doutrinários e conceptuais do termo e dos correspondentes sentidos e significados de direitos fundamentais com toda a complexidade, abrangência e diversidade de elementos, aspectos e acepções que os caracterizam atualmente, lembramos que os direitos fundamentais já se constituem em uma realidade constitucional concreta junto à atual realidade nacional. Os direitos fundamentais, de fato acham-se amplamente observados e consagrados pela Constituição Brasileira de 5 de outubro de 1988, a atualmente vigente, vindo a se constituir em um texto constitucional sem precedentes no plano nacional, bem como em um documento dos mais avançados no mundo em matérias como o meio ambiente e o resguardo dos direitos do menor e da educação, já que dispõe de capítulos que tratam somente dessas questões específicas na esfera dessa relevante categoria de direitos em especial.

A Constituição Federal de 1988, se afigura no Brasil de hoje como um notável passo rumo a construção de uma sociedade mais justa, digna e próspera, frente às constituições brasileiras que a precederam historicamente, mas também em relação às constituições em vigor em outros países. A nossa Carta pode ser comparável aos textos e conteúdos dos países e sociedades mais adiantadas do planeta, já que objetivamente abrange e inclui em seu texto constitucional as mais diversas matérias e questões de crucial relevância para a garantia de um futuro mais solidário e justo às próximas gerações de brasileiros. Este estágio da realidade constitucional brasileira na atualidade pode ser reafirmada pelos mais diversos representantes da doutrina constitucional moderna, o que nos impele necessariamente a considerar que os direitos fundamentais no Brasil, já se constituem em um conjunto de princípios e de valores oportunamente positivados e assegurados sob as mais diversas formas e modalidades legais resultantes de sua positivação constitucional, ou seja, foram criadas todo um conjunto de leis ordinárias e acessórias que vieram a concretizar e a complementar o disposto no texto constitucional de 1988 acerca dos direitos fundamentais.

Não há como negar que a Constituição de 1988 se constitui, destarte, em um documento significativamente bem dotado de um aparato instrumental positivo que assegura na prática, a proteção dessa categoria de direitos em especial, o que pode ser corroborado por seu texto constitucional com respectivo conteúdo se caracterizar como inovador ao enfatizar os direitos fundamentais, que se acham relacionados em seu art. $5^{\circ}$, acompanhado das correspondentes garantias e instrumentalização constitucionais. O cumprimento do disposto em seu art. $5^{\circ}$ deverá necessariamente se constituir no seu dispositivo de observância positiva relativamente à essa categoria de direitos em especial. A Constituição de 1988 veio a garantir, dessa forma, a inviolabilidade dos direitos fiundamentais, dispondo várias partes e secções acerca dos direitos fundamentais em seu bojo legal positivo interno.

A Constituição Federal de 1988 apresenta direitos e garantias oportunamente inseridas em seu Título II, no qual se acham eles dispostos e consubstanciados do art. $5^{\circ}$ ao art. 17 da mesma. Ali estão incluídos os direitos civis, políticos e sociais, além do fato desta Carta abranger também o direito à dignidade humana em seu art. $1^{\circ}$, III e dispor em seu Título VIII, relativo à ordem social, de capítulos que tratam exclusivamente dos direitos à saúde, à educação, à assistência social, à cultura, ao meio ambiente, bem como, aos diretos reconhecidos às crianças, aos idosos e aos índios. O texto constitucional de 1988, por conseguinte, caracteriza-se por uma significativa amplitude e abrangência em termos de positivação e instrumentalização a ela correspondentes, tornando-se o documento constitucional que obteve os maiores avanços no que diz respeito ao resguardo, observância e garantia dos direitos humanos fundamentais no Brasil se comparada às sete constituições anteriores que a precederam historicamente. Esta comparação pode ser estendida às constituições dos países mais adiantados em termos de conteúdo e matérias relativas aos direitos e garantias fundamentais do cidadão.

Essa conjunção da Constituição de 1988, oitava brasileira, se afigura em um argumento sólido a favor de que a Carta de 1988 representa em matéria de direitos humanos fundamentais um divisor de águas na história constitucional brasileira ao consagrar pela primeira vez no Brasil, de forma ampla e instrumentalizada, as diversas dimensões dessas categorias de direitos e garantias básicos do ser humano. Assinalamos e enfatizamos, por conseguinte, que:

> *Preliminarmente, cabe considerar que a Carta de 1988, como marco jurídico da transição ao regime democrático, alargou significativamente o campo dos direitos e garantias fundamentais, estando dentre as constituições mais avançadas do mundo no que diz respeito à matéria.*[59]

Efetivamente a Carta de 1988 se afigura em uma das obras-primas bem como um dos maiores orgulhos do constitucionalismo brasileiro, posto que foi o produto dos principais representantes da doutrina jurídica nacional, uma vez que no seu processo de

---

[59] PIOVESAN, Flávia. *Direitos humanos e o direito constitucional.* São Paulo: Max Limonad, 2002, p. 53.

formulação e de elaboração participaram no final da década de 80 os mais renomados juristas e constitucionalistas brasileiros como Miguel Reale Jr. e Paulo Bonavides, enriquecendo, notavelmente, a contribuição dos meios acadêmico e científico do direito nacional relativamente à outras categorias de profissionais e de doutrinadores envolvidas no processo de sua construção concreta. A Constituição de 1988 é sem sombra de dúvidas, um dos maiores empreendimentos conduzidos pelos juristas e constitucionalistas brasileiros desde que a primeira Constituição Brasileira fora outorgada em 1824, senão o mais notável de todos, de forma a se constituir em um exemplo para outros países, inclusive para os mais adiantados do mundo. Isto pode ser confirmado, ao se analisarem os mais diversos comentários e críticas especializadas efetuadas pela doutrina mundial moderna acerca da Carta Brasileira de 1988, os quais teceram e tecem louvores e elogios ao seu texto constitucional bem como aos seus doutos coautores.

Um dos principais motivos justificadores dos enfáticos aplausos de doutrinadores internacionais aos juristas e constitucionalistas brasileiros envolvidos no processo de elaboração da Carta de 1988, durante a Assembleia Constituinte de 1987-1988, diz respeito aos notáveis avanços obtidos com o seu texto constitucional referentes à relevante matéria relativa aos direitos e garantias fundamentais, que ocupam no texto constitucional uma posição de destaque e caráter de abrangência como nunca uma constituição brasileira houvera disposto antes. Este nível de qualidade demonstrado pode ser objetivamente constatado ao se comparar a Carta brasileira de 1988 com outras constituições estrangeiras a ela contemporâneas. Isto se constitui no mais forte argumento de que a Constituição brasileira de 1988 representa um grande passo para a evolução cívica e humanística da sociedade brasileira, bem como se afigura em um poderoso instrumento a favor da luta contra as injustiças e desigualdades sociais. Ao ser dotada de instrumentos e garantias constitucionais amplas, abrangentes, completas e até inovadoras e oportunamente disponibilizadas pelo seu texto constitucional, desde o momento de sua promulgação, impelindo necessariamente a que esses direitos e garantias fundamentais gozem de plena proteção legal, favorece o resguardo de tais direitos aos mais diversos segmentos da sociedade nacional.

O texto constitucional de 1988 é resultado de todo um processo de redemocratização e de restabelecimento das liberdades e garantias fundamentais do ser humano que caracterizou o Brasil a partir da segunda metade da década de 80. Nesse processo se verificou a maior participação popular e cívica de que se tenha notícia na história brasileira, sobretudo quando da formulação e da elaboração concretas do texto constitucional correspondente durante a Assembleia Constituinte de 1987-1988. Naquela época, houve uma grande mobilização popular em prol da inserção no texto constitucional positivo de matérias progressistas, em boa parte relacionadas à introdução de dispositivos constitucionais volvidos no sentido de proporcionarem uma ampla e abrangente inclusão de direitos e garantias sociais no seu bojo textual, como os direitos à saúde, ao trabalho, à justa remuneração, a férias, à greve, à educação, à cultura e ao lazer, cujos direitos receberam, pela primeira vez na história nacional, as mais amplas garantias e instrumentos de proteção constitucional numa proporção, numa amplitude e numa profundidade sem precedentes na história constitucional brasileira.

Os avanços na esfera dos direitos e garantias fundamentais constatados na Carta de 1988 receberam a influência e inspiração especiais na designada Lei Fundamental de Bonn, de 23 de maio de 1949, considerada a Constituição Provisória da então República Federal da Alemanha ou Alemanha Ocidental. Esta constituição se caracterizava pelo seu caráter progressista em matéria de direitos fundamentais e, portanto, por enfatizar notavelmente essa categoria de direitos básicos do ser humano. Podemos facilmente compreender, portanto, que a Carta de 1988 seja considerada, atualmente, pela doutrina constitucional brasileira e mundial um exemplo de vanguarda jurídica em matérias progressistas como os direitos sociais. Como fortalecimento ao discutido temos que:

> *A constituição democrática ratificada em 1988 é muito avançada em direitos civis e sociais: o art. 5º garante igualdade de direitos para mulheres, proíbe a tortura e a censura e assegura a liberdade de pesquisa, assembleia e o 'writ' do habeas corpus. Ao todo, ele contém 77 incisos. (...) A constituição, também, de forma consciente, protege os direitos políticos democráticos ante qualquer interferência autoritária.*[60]

Tudo isso explica a razão pela qual as mais diversas camadas que compõem a sociedade brasileira da atualidade podem valer-se de uma constituição efetivamente cidadã, como oportunamente a denominou o então presidente da Assembleia Constituinte de 1987-1988, o deputado Ulysses Guimarães. A mesma contempla em seu bojo um conjunto notavelmente abrangente de direitos e garantias fundamentais, sobretudo os direitos sociais, o direito à educação, e mais relevante ainda, dispõe de garantias e de instrumentos constitucionais volvidas no sentido de assegurar-lhes a devida proteção jurídica, de forma a poderem ser reivindicados pelos cidadãos brasileiros com todos os suportes e garantias legais correspondentes disponibilizadas

---

[60] HAGOPIAN, Frances. The compromised consolidation: the political class in the Brazilian Transition. *In*: MAINWARING, Scott; O'DONNEL, Guillermo; VALENZUELA J. Samuel (org). *Issues in democratic consolidation:* the new south american democracies in comparative perspective. Notredame: University of Notredame Press, 1992, p. 272.

pelo seu texto constitucional de uma forma como nunca se verificara na história constitucional nacional anterior.

Vale considerar, contudo, que todos esses notáveis avanços e conquistas obtidas pela Carta de 1988 jamais teriam sido possíveis sem que houvesse uma igual mobilização por parte da doutrina constitucional e dos juristas nacionais, os quais concentraram todas as suas potencialidades e esforços intelectuais no sentido de dotarem o Brasil de uma constituição de alto nível para as gerações nacionais futuras, quer em termos estilísticos e técnicos quer em termos de conteúdo e de alcance de seu teor e natureza essencialmente progressista e democrática.

Este fato incontestável reforça que a Carta de 1988 se constitui em uma realidade doutrinária de elevada qualidade que pode ser facilmente observada e aclarada no que concerne ao aspecto proteção e garantia dos direitos fundamentais. A este respeito para efeitos de fortalecer tal concepção o constitucionalista português Gomes Castilho, assevera que existem três dimensões fundamentais que toda e qualquer carta constitucional moderna deve necessariamente observar, sob pena de a mesma não notar o basilar princípio do Estado de Direito. Este princípio se constitui, por sua vez, no eixo básico de toda democracia plena da atualidade, ou seja, nas dimensões fundamentais da juridicidade, da constitucionalidade e os direitos fundamentais, requisitos esses que a Carta de 1988 atende larga e amplamente ao expressamente consagrar e afirmar em seus primeiros artigos, do 1º ao 3º, os princípios que se constituem nos esteios fundamentais bem como nos objetivos próprios do Estado Democrático de Direito.

A Carta de 1988 é, em virtude de tudo isso, um repositório de todos esses três fundamentos básicos do Estado Democrático de Direito não apenas em termos estruturais e regimentais, mas também sistêmicos e operacionais. A referida Carta abrange em sua integralidade e profundamente esses fundamentos, dentre esses destacamos com a devida ênfase a cidadania e a dignidade da pessoa humana, efetivamente contemplados em seu art. 1º, incisos II e III. Daí porque afirmar que os direitos fundamentais e sua respectiva observância se constituem nos pressupostos básicos para o efetivo funcionamento do princípio democrático do Estado de Direito. Isto é uma decorrência lógica do fato de que esses pressupostos exercem uma evidente função democratizadora, o que encontra total confirmação na realidade concreta da Carta Brasileira de 1988, uma vez que:

> [..] a Constituição confere uma unidade de sentido, de valor e de concordância prática ao sistema dos direitos fundamentais. E ela repousa na dignidade da pessoa humana, ou seja, na concepção que faz a pessoa fundamento e fim da sociedade e do Estado.[61]

O desafio de construir uma sociedade efetivamente livre, justa, solidária, igualitária e próspera, bem como o de assegurar o desenvolvimento nacional, de eliminar a pobreza e a marginalização, diminuir as desigualdades sociais e econômicas e, enfim, promover a melhoria e o aperfeiçoamento do nível e da qualidade de vida e das condições básicas de ordem social e econômica sem qualquer forma de discriminação ou distinção, se consubstanciam nos direitos fundamentais amplamente contemplados pelo art. 3º da Carta de 1988, vindo a se constituir em um avanço sem precedentes na história do constitucionalismo brasileiro. Essas conquistas estão proporcionadas aos mais diversos segmentos da população brasileira da atualidade pela Constituição de 1988, no âmbito e na esfera específicas dos direitos e garantias fundamentais, as quais consubstanciar-se-ão, sem dúvida, nos pressupostos

---

[61] Cf. MIRANDA, 1988, p. 166.

e nos embasamentos cruciais para que o Brasil possa atingir um elevado padrão de desenvolvimento humano e material no futuro não muito distante. Assim, a atual constituição brasileira se afigura em um instrumento de grande valia e basilar a favor de um projeto de desenvolvimento nacional sustentável, se fazendo a grande aliada da justiça e da paz sociais no Brasil da atualidade e do porvir.

O mérito desses avanços que engrandecem e enobrecem o Brasil, seu povo, as classes profissional acadêmica e científica do direito brasileiro e sua relevância no que tange ao seu texto constitucional, podem ser clara e objetivamente confirmados nos ensinamentos de José Afonso da Silva:

> *É a primeira vez que uma Constituição assinala, especificamente, objetivos do Estado brasileiro, não todos, que seria desproposital, mas os fundamentais, e entre eles, uns que valem como base das prestações positivas que venham a concretizar a democracia econômica, social e cultural, a fim de efetivar na prática a dignidade da pessoa humana.*[62]

A Carta brasileira de 1988 distingue-se bem como caracteriza-se essencialmente por apresentar uma preocupação notavelmente significativa de garantir aos mais diversos segmentos da população nacional os valores consubstanciados na dignidade, na igualdade de oportunidades e no bem-estar, como um imperativo de justiça social.

O texto constitucional da Constituição de 1988, em matéria de direitos e de garantias fundamentais, não se limita a dispor a esse respeito apenas no que tange ao seu respectivo preâmbulo,

---

[62] SILVA, José Afonso da. *Curso de direito constitucional positivo.* 11ª ed. São Paulo: Malheiros, 1995.

pelo simples fato de que ele compreende em seu bojo interno, uma série de secções e de divisões que tratam especificamente dessa universal e básica categoria de direitos. O texto constitucional é igualmente dotado de um Título e de Capítulo que dispõem exclusivamente acerca desses direitos e garantias. De fato, ele possui o Título II que trata somente dos direitos e garantias fundamentais, secção na qual inseriu-se o art. 5º, o qual relaciona todo um conjunto de direitos consignados à população brasileira em sua totalidade, vindo obviamente a se constituir no dispositivo de maior importância presente no contexto intrínseco da *Lex Mater*, posto que, o mesmo juntamente com os seus três primeiros artigos, isto do 1º ao 3º, vêm a se constituir no mais amplo leque de garantias legais instrumentalizadas já asseguradas em todo o decorrer da história constitucional nacional.

A Constituição de 1988, por conseguinte, apresenta ao lado de um número tão elevado de direitos fundamentais também um quantidade correspondente de instrumentos e de garantias constitucionais que os asseguram positivamente junto às mais variadas camadas e segmentos da população brasileira, o que favoreceu notavelmente o desenvolvimento do direito processual constitucional em matéria de fórmulas e procedimentos processuais que venham a assegurar e garantir, em termos jurisdicionais, a todos os cidadãos o seu resguardo e observância na prática. Os direitos e garantias fundamentais inseridos no texto constitucional da Carta Magna, em decorrência de sua ampla abrangência e profundidade instrumentais e positivas que os caracteriza e distingue, se afiguram efetivamente como fatores altamente positivos para o desenvolvimento de todo o direito constitucional e ramos a ele direta ou indiretamente relacionados, como a Filosofia do Direito e a Hermenêutica Constitucional. Tal conjunção ocasiona outros efeitos benéficos ao desenvolvimento desse ramo das modernas ciências jurídicas nacionais, como um todo, já que um texto constitucional caracterizado por contemplar de forma tão abrangente os direitos humanos se reveste em claras vantagens para o desenvolvimento do seu direito constitucional e de seu aparato jurídico correspondente.

Entretanto, ao volvermos a atentar aos valores e princípios da dignidade e do bem-estar da pessoa humana inseridos junto ao âmbito axiológico em que se fundamentam os direitos fundamentais consagrados pela constituição atualmente em vigor no Brasil, se faz necessário que observemos que:

> *Os valores constitucionais possuem uma tripla dimensão: a) fundamentador – núcleo básico e informador de todo o sistema jurídico-político; b) orientadora – metas ou fins pré-determinados, que fazem ilegítima qualquer disposição normativa que persiga fins distintos, ou que obstaculize a consecução daqueles fins enunciados pelo sistema axiológico constitucional; c) crítica – para servir de critério ou parâmetro de valoração para a interpretação de atos ou condutas. (...) Os valores constitucionais compõem, portanto, o contexto axiológico fundamentador ou básico para a interpretação de todo o ordenamento jurídico; o postulado-guia para orientar a hermenêutica teleológica e evolutiva da constituição; e o critério para medir a legitimidade das diversas manifestações do sistema de legalidade.*[63]

Os valores constitucionais, por conseguinte, se constituem em referenciais que proporcionam a todo e qualquer jurista e constitucionalista moderno as condições e os elementos para que possam efetivamente analisar e interpretar os dispositivos

---

[63] Cf. LUÑO, 1995, pp. 288-289.

relacionados em seu texto constitucional em seus aspectos tipificadores e delineadores de sua natureza, estrutura sistêmica e tecno-legal, bem como se reveste igualmente de um valor analítico e delineador no que concerne ao sentido e ao caráter do ordenamento jurídico correspondente ao sistema jurídico positivo a que pertence de forma global. Dessa forma os valores constitucionais podem muito auxiliar na tarefa dos intérpretes e dos hermeneutas, ao objetiva e claramente informarem acerca da natureza, da dimensão e do alcance do ordenamento jurídico positivo a que pertencem. Assim fundamentados na doutrina moderna, estamos em condições de evidenciar que o valor da dignidade humana impõe-se definitivamente, como núcleo básico e informador de todo o ordenamento jurídico, na qualidade de critério e parâmetro de valoração a ser adotado como norte referencial, vindo a servir de guia para efeitos de interpretação e de compreensão do sistema constitucional com toda a complexidade e a diversidade de aspectos e de elementos que o compõem.

Toda constituição, independente de sua natureza e origem, ao ser estudada e analisada, necessita ser compreendida em sua totalidade como uma unidade e como um sistema que privilegia determinados valores sociais em seu contexto específico. Esta assertiva logicamente nos impele a asseverar que a Carta de 1988 coloca o valor da dignidade como um valor essencial que logicamente lhe proporciona unidade de sentido, ou em outras palavras, o valor da dignidade humana informa à ordem constitucional de 1988, conferindo-lhe, dessa forma, um traço particular e inconfundível que a destaca frente às demais cartas de outros países que lhes são contemporâneas. O ordenamento jurídico, conforme a concepção de Dworkin, vem possivelmente a ser um sistema em cujo bojo não se encontram apenas as normas legais, mas também princípios que abrangem em seu núcleo as exigências de justiça bem como dos valores éticos, princípios esses que se afiguram no suporte e no sustentáculo axiológicos que proporcionam coerência interna e estrutura harmônica ao sistema jurídico em sua totalidade.

A essa altura da discussão, para efeitos de proporcionarmos uma adequada compreensão dessa crucial questão objeto de nossa análise, o estudo está a exigir que se examine a acepção cujo objetivo é o de determinar objetivamente o que vem a ser sistema jurídico. Tal acepção, certamente, irá transmitir dados e informações acerca dos reais sentido e caráter do ordenamento jurídico. Esses elementos, por sua vez, irão permitir a revelação dos princípios e valores jurídicos que delineiam e moldam o espírito do ordenamento jurídico e que logicamente o norteiam em suas linhas gerais e específicas. No que diz respeito à relevância do sistema jurídico, o mesmo vale para toda e qualquer ordem constitucional, o que nos impele a delimitar conceitualmente o que venha a ser de fato sistema jurídico. Inicialmente, é possível conceber e definir sistema jurídico como sendo a unificação lógica das normas e dos princípios jurídicos vigentes em um determinado país, vindo a se constituir objetivamente em uma obra da ciência do direito. Já em conformidade com o jusfilósofo espanhol Martínez Paz, entende-se por sistema jurídico, a unidade lógica de conceitos homogêneos que se originaram de um princípio fundamental.

Com base nessas considerações vale inferir, portanto, que o sistema jurídico se caracteriza objetivamente por apresentar em sua estrutura interna um conjunto ordenado de matérias afins, de normas, a partir das quais se deduzem conceitos, valores e princípios de ordem genérica e facilmente apreensíveis e compreensíveis. Esses princípios, por sua vez, informam acerca da ordem jurídica e de seus elementos componentes, como podemos constatar no teor de sua definição específica, e ao proceder dessa forma proporciona unidade ao direito vigente. Além disso, devemos ressaltar ainda que o jurista, com base nesses dados obtidos mediante a sua análise junto ao sistema jurídico como um todo, poderá chegar aos princípios gerais e fundamentais existentes nas várias instituições jurídicas, vindo a conciliá-los nas circunstâncias específicas em que tal for necessário. Ressaltar-se entretanto, que é a partir deles que o jurista pode-se concentrar na tarefa de formular os princípios gerais do direito.

Assim concebendo, pode-se depreender que o sistema jurídico vem a ser uma ordem essencialmente axiológica e teleológica de princípios jurídicos que apresentam uma função ordenadora, porque protegem e garantem os valores fundamentais, e é justamente em razão disso que a interpretação das normas constitucionais se origina de um critério valorativo deduzido do próprio sistema constitucional. Tendo-se em vista essa concepção em especial, conclui-se que o valor consubstanciado na dignidade da pessoa humana, da mesma forma que o valor dos direitos e das garantias fundamentais, se constituem nos princípios constitucionais detentores das exigências de justiça e dos valores éticos, atribuindo suporte axiológico ao sistema jurídico brasileiro em sua integralidade.

De fato, a persistência do texto em resguardar e garantir os direitos fundamentais é redimensionada, na exata proporção em que o mesmo, com ênfase, privilegia a temática dos direitos fundamentais. A evidência deste fato incontestável nos impele a reconhecer que surgiu uma nova topografia constitucional, à proporção que o texto da Carta de 1988 apresenta em seus primeiros capítulos avançadas disposições em matéria de direitos e garantias, elevando-os a seu tempo à categoria de cláusula pétrea, nos revela a vontade bem como a determinação constitucionais de priorizar os direitos e garantias fundamentais. Essa realidade pode ser facilmente observada e constatada ao observarmos as considerações de Flávia Piovesan que se seguem:

> *O art. 60, § 4º apresenta as cláusulas pétreas do texto constitucional, ou seja, o núcleo intocável da Constituição de 1988. Integram este núcleo: I) a forma federativa de Estado; II) o voto direto, secreto, universal e periódico; III) a separação dos poderes e IV) os direitos e garantias individuais. Vale ressaltar que a constituição anterior resguardava como cláusula pétrea a Federação e a República (art. 47, § 1º, da constituição de 1967), não fazendo qualquer menção aos direitos e garantias fundamentais.[64]*

A Carta de 1988, sem dúvidas, foi a primeira constituição brasileira a contemplar em seu texto a declaração de direitos os direitos sociais como parte integrante do título que trata dos direitos e garantias. Esta realidade histórica está consubstanciada pelo fato de que nas constituições nacionais anteriores as normas que dispunham acerca dessa categoria de direitos em especial achavam-se apenas dispersas no âmbito da ordem econômica e social. Sob esse parâmetro, a Carta de 1988 acolhe plenamente o princípio da indivisibilidade e da interdependência dos direitos humanos, mediante o qual, o valor da liberdade se conjuga ao valor da igualdade, tornando dessa forma impossível separar os direitos de liberdade dos direitos de igualdade.

Além disso, há que se acrescentar que a Constituição de 1988 consagrou não apenas os direitos individuais, mas também os direitos coletivos e difusos, isto é, os relativos à determinada classe ou categoria social e estes concernentes a todos e a cada um. Neste sentido em especial, a Carta de 1988, consolida, simultaneamente no Brasil da atualidade, a extensão da titularidade de direitos, acenando com isso para a existência de novos sujeitos de direitos,

---

[64] Cf. PIOVESAN, 2002, p. 57.

bem como consolida igualmente o aumento da quantidade de bens que adquiriram o direito de serem tutelados, mediante a efetiva ampliação dos direitos econômicos, sociais e culturais, num feito sem precedentes na história constitucional nacional, nessa matéria específica. Dessa forma, por conseguinte, a Constituição brasileira atualmente em vigor, concretiza a concepção de que:

> *Os direitos fundamentais representam uma das decisões básicas do constituinte, através da qual os principais valores éticos e políticos de uma comunidade alcançam expressão jurídica. Os direitos fundamentais assinalam um horizonte de metas sócio-políticas a alcançar, quando estabelecem a posição jurídica dos cidadãos em suas relações com o Estado, ou entre si.*[65]

Por conseguinte, na Carta de 1988, os direitos e garantias fundamentais acham-se, dessa forma, dotados de uma especial força expansiva, a qual projeta-se por todo o universo constitucional vindo a servir, portanto, como critério interpretativo de todas as normas do ordenamento jurídico. Realidade constitucional ínsita na Carta brasileira de 1988. É considerando o caráter progressista, a qualidade e grandeza de conteúdo da Constituição brasileira de 1988 que o constitucionalista e jusfilósofo espanhol Pérez Luño[66] oportunamente assevera que a função que compete aos direitos fundamentais consubstanciada na de manter e preservar a unidade do ordenamento jurídico bem como de orientar o desenvolvimento dos fins e valores que informam esses direitos em especial, implica inevitavelmente no fato de que o sistema de direitos e liberdades fundamentais se converta em

---

[65] Cf. LUÑO, 1996, p. 310.
[66] LUÑO, op cit.

parâmetro jurídico disciplinador das diferentes manifestações da vida do Estado e de sua respectiva sociedade.

Finalmente, considerando o observado no decorrer do conjunto de análises efetuadas junto ao bojo textual, teleológico e axiológico da Constituição Federal de 1988, ou seja, junto à Carta Magna atualmente em vigor no Brasil, chegamos à conclusão que a mesma se constitui no mais avançado texto constitucional da história nacional em matéria de direito e garantias fundamentais, não apenas em razão da positivação dos mesmos, mas também pela suas respectivas instrumentalização, proteção, garantia e abrangência constitucionais. E assim reputada a Constituição de 1988 vem a se constituir um empreendimento jurídico sem precedentes no Brasil pela sua amplitude e profundidade. Este fato indiscutível pode ser evidenciado com base no seguinte:

> *As inovações se fizeram presentes, primeiramente, na ordem social, colocando em destaque o homem e seus direitos fundamentais, não só individuais como também os coletivos, tanto assim que praticamente inicia-se a constituição com a consagração desses direitos – Direitos e Deveres Individuais e Coletivos no art. 5º e seus setenta e sete incisos, e Direitos Sociais, neles incluídos os dos trabalhadores, nos arts. 6º a 11 –, diferentemente da Carta anterior que tratava direitos na sua parte final (art. 153). A dignidade da pessoa humana passou a ser princípio fundamental da constituição (art. 1º, inciso III), fundamento da atividade estatal, o que significa que o homem é o centro, sujeito, objeto, fundamento e fim de toda a atividade pública.*[67]

---

[67] CAVALIERI FILHO, Sergio. *Programa de sociologia jurídica* (você conhece?). Rio de Janeiro: Forense, 2003, pp. 99-100.

## 2.3 DIREITOS FUNDAMENTAIS EXPLÍCITOS E IMPLÍCITOS

Em razão da sua abrangência e amplitude conceptuais os direitos fundamentais compreendem diversas categorias e modalidades. Essas categorias e modalidades variam conforme a sua dimensão, alcance e natureza, vindo os direitos humanos a se caracterizarem por uma diversidade de matérias e de conteúdos bem como de objetivos, de alcance e de finalidades correspondentes em seus bojos intrínsecos, cada vez mais ampla e heterogênea, em consonância com o acelerado ritmo das transformações sociais, econômicas, éticas e culturais, cujo ritmo vem se intensificando a partir das duas décadas finais do século XX, e se prolongando até a atualidade. Inicialmente, no entanto, é preciso considerar os direitos fundamentais como sendo amplos, abrangentes e em constante processo de transformação. Isto não se constitui uma surpresa porque os direitos humanos se manifestam de várias formas e modalidades que diferem uma das outras. Daí a necessidade de classificá-los em institucionais (os quais se constituem nos explicitados e garantidos oficialmente pelo texto constitucional) e em individuais (os implicitamente inseridos em qualquer declaração de direitos básicos e universais do ser humano, em conformidade com o que se pode depreender a partir da análise da filosofia e da doutrina constitucionais atualmente predominantes tanto nacional como internacionalmente).

Essa classificação concernente aos direitos fundamentais revela-se de crucial relevância para que possamos entender essa categoria de direitos junto às dimensões e às esferas de ordem econômica, social e político-institucional que interessam mais diretamente ao assunto tratado em foco e aos seus respectivos objetivos. Daí porque a tratamos com a acurada atenção e profundidade. Por esta razão vale frisar que a distinção em linhas globais diz respeito a que a maioria dos direitos individuais relacionam-se tão-somente à vida ou aos interesses das pessoas às quais são atribuídos, como são logicamente os direitos à vida, à liberdade pessoal, à objeção de consciência, o direito ao trabalho e o direito ao ensino. Já os direitos institucionais são os que se revestem de um alcance institucional, por esses direitos darem margem à criação de instituições nas quais se desenvolvem ou de cuja correspondente dinamização depende o seu exercício, como os direitos de constituir família, de sufrágio, de constituir ou de participar em associações e partidos políticos, bem como os direitos à segurança social e à habitação.

Com base nas discussões feitas depreendemos que os direitos explicitamente manifestados são os institucionalizados pelas autoridades político-institucionais competentes, como o governo, os poderes judiciário e legislativo, bem como os órgãos de natureza essencialmente jurídica encarregados de sua delineação, definição e elaboração a serviço dos poderes estatais e públicos. Os direitos implicitamente identificáveis e apreensíveis se consubstanciem nos direitos individuais básicos da pessoa humana, porque são deduzidos de todas e quaisquer ordens jurídica e constitucional positivas existentes na atualidade, justamente em decorrência de seu caráter de universalidade e de imanência à existência humana em sua qualidade de princípios do direito natural. Ao nos referirmos, portanto, aos direitos fundamentais explícitos e implícitos iremos inevitavelmente efetuar definições de cunho axiológico, valorativo e jurídico. Tal situação nos impelirá, por conseguinte, a desenvolver caracterizações e distinções entre ambas as categorias de direitos, tanto de ordem subjetiva como jurídico-institucional. Isto porque, considera-se que o referencial que mais influi na diferenciação entre direitos institucionais ou explícitos e individuais ou implícitos diz respeito à sua efetiva instrumentalização e positivação legal em textos constitucionais oficialmente consagrados pelas suas ordens jurídicas constitucional e ordinária positivas internas, bem como aos seus correspondentes mecanismos de efetiva proteção legal e institucional delas derivados.

Os direitos fundamentais explícitos e implícitos se constituem em uma categoria de direitos básicos assentados, essencialmente, em determinados referenciais e aspectos que condicionam o seu grau de efetivação e de positivação constitucionais, uma vez que a sua concepção e delineação objetivas dependem essencialmente do grau de conhecimento proporcionado pela sua forma de manifestação que fazem dos mesmos duas modalidades de direitos básicos da pessoa humana diretamente relacionados ao modo como os quais são externados e pelo qual as suas existências são depreendidas e apreendidas pela coletividade à qual se destinam. A concepção, a definição bem como a consequente distinção efetuadas junto às duas categorias de direitos fundamentais em foco, ou seja, aos direitos explícitos e implícitos está relacionada a existência e a adoção de critérios e regras jurídicas que positivem e consagrem, oficialmente, determinados tipos de direitos, bem como da existência de princípios constitucionais sobre os quais os mesmos se fundamentam e orientam toda a sua construção e razão de ser, nos planos axiológico, valorativo e moral em sua acepção coletiva e universal.

Sempre que nos referirmos aos direitos fundamentais explícitos e implícitos, estaremos tratando de avaliações jurídicas e de escalas de valores e de princípios. Nesta perspectiva, vale assinalar que:

> *A atual Constituição brasileira, como as anteriores, ao enumerar os direitos fundamentais, não pretende ser exaustiva ao estabelecer os setenta e sete incisos do art. 5º. De fato, além desses direitos explicitamente*

*reconhecidos, admite existirem outros 'decorrentes do regime e dos princípios por ela adotados, ou dos tratados internacionais em que a República Federativa do Brasil seja parte' (art. 5º, § 2º). Amplia o direito anterior ao mencionar tratados internacionais. Assim, poder-se-á deduzir direitos individuais não apenas do regime e princípios constitucionais, como também de normas internacionais que passarem a integrar o nosso sistema jurídico.*[68]

Essa outra categoria de direitos fundamentais, a dos direitos implícitos, contraria e, diferentemente da categoria dos explícitos, antes comentados e discutidos, se caracteriza, sobretudo, por ser de difícil identificação e definição. Ainda assim foi possível, na época em que vigia no Brasil a Constituição anterior à atual, efetuar sugestões para efeitos de exemplificar tais categorias de direitos. No que tange direitos implícitos, é necessário sublinhar que eles eram concebidos e definidos como tais. Esses direitos foram arrolados por Limongi França[69] sob a expressiva denominação de direitos à integridade moral, os quais, por sua vez, consubstanciavam-se nos direitos à honra, ao recato, à imagem, ao segredo, à identidade, além de outros, os quais são expressamente reconhecidos e garantidos pela Constituição brasileira atualmente em vigor nos termos do inciso X de seu art. 5º.

Evidenciamos, por conseguinte, que em relação aos direitos explícitos, os direitos implícitos são mais complexos e de mais difícil identificação o que requer dos constitucionalistas e juristas nacionais e estrangeiros uma atenção e um esforço maiores para oportuna e adequadamente detectá-los e caracterizá-los. Os di-

---

[68] FERREIRA FILHO, Manoel G. *Curso de direito constitucional*. 29ª ed., rev. e atual. São Paulo: Saraiva, 2002, p. 288.
[69] FRANÇA, R. Limongi. *Manual de direito civil*. 4ª ed. São Paulo: Revista dos Tribunais, 1980. v.1, p. 330.

reitos implícitos, são identificados e consubstanciados de forma plena nos designados direitos fundamentais do indivíduo e nos direitos ético-sociais, com base em uma classificação formulada por Stier-Somló,[70] cuja concepção e denominação refletem fielmente a realidade e as características principais dessa crucial e imanente categoria de direitos fundamentais. A existência dos direitos implícitos é crucial em todo e qualquer ordenamento constitucional e jurídico complementar ou ordinário decorrente de um Estado Democrático política e juridicamente organizado na forma como é concebido na atualidade.

Em conformidade com a doutrina constitucional atual, essas categorias de direitos podem ser entendidas como sendo aquela modalidade de direitos e liberdades fundamentais propriamente ditas que dizem respeito aos atributos naturais da pessoa humana, os quais por sua vez, se caracterizam por serem invariáveis, quer em termos espaciais como temporais. E, por isso mesmo esses atributos vêm a ser uma decorrência da vontade divina e, portanto, do direito natural. Ainda sobre esses atributos, vale destacar que eles partem do princípio de que todos os homens nascem livres e iguais em direitos. Efetivamente, tanto os direitos implícitos como explícitos, se caracterizam por terem um alcance e uma dimensão universais, ou em outras palavras, os mesmos se aplicam a toda a humanidade sem qualquer forma de discriminação ou de distinção entre os membros que a compõem. Os direitos implícitos e os direitos explícitos consubstanciam-se nos direitos concernentes à vida, à liberdade, à segurança individual, à propriedade, à imagem, à honra, à privacidade, além de outros, sendo que o mais importante dentre todos esses direitos é o

---

[70] Stier-Somló, *apud* FERREIRA, Pinto. *Curso de direito constitucional*. 12ª ed. ampl. e atual. de acordo com as Emendas Constitucionais e a Revisão Constitucional. São Paulo: Saraiva, 2002, pp. 100 e 101.

direito à vida, de evidência axiomática, uma vez que pressupõe todos os outros direitos humanos.

Retomando a discussão sobre a distinção entre direitos explícitos e implícitos, o que atualmente existe na moderna doutrina constitucional universal é que: se entende por direitos explícitos, os direitos fundamentais formalmente constitucionais e por direitos implícitos, os direitos fundamentais sem assento constitucional. Essa classificação que reflete a visão de uma das vertentes contemporâneas de maior destaque do constitucionalismo europeu, dada a objetividade e a perspicácia de sua sistematização criteriosamente científica e moderna. Com base nessa classificação em especial, entendemos por direitos fundamentais formalmente constitucionais como sendo aqueles enunciados e protegidos por normas detentoras de valor constitucional formal, ou seja, possuidoras de normas que tem a forma constitucional. Ao passo que como direitos materialmente fundamentais compreendemos aqueles consubstanciados em normas que os reconhecem e os protegem, mas não possuem uma correspondente forma constitucional. Também no que diz respeito aos direitos materialmente fundamentais devemos sublinhar que as normas que os regulamentam positivamente em âmbito não constitucional se constituem em normas de caso concreto abertas, de modo a abranger em seu bojo legal, além das positivações concretas, também toda e qualquer possibilidade de direitos que se desenham no horizonte da ação humana.

Essa circunstância jurídica, em especial, induziu os autores representantes dessa linha específica da doutrina constitucional europeia da atualidade, referirem-se igualmente ao designado princípio da não identificação ou da cláusula aberta. Nesse caso, entretanto, observamos que se afigura em um problema, tal seja, a questão de se determinar a forma pela qual distinguir objetivamente dentre os direitos, os que não possuem o assento constitucional, e os que possuem dignidade suficiente para poderem ser designados como sendo fundamentais propriamente ditos. Por conseguinte, a orientação seguida pela doutrina constitucional europeia da atualidade é a de admitir como sendo direitos extraconstitucionais materialmente fundamentais todos aqueles direitos que se igualarem em razão de seu objeto e importância, aos diferentes tipos de direitos formalmente fundamentais, o que por sua vez ensejou a ampliação conceptual da definição moderna de direitos fundamentais a todos esses direitos, e não apenas a uma determinada categoria dentre eles, ou seja, não mais se limitando, atualmente, o seu respectivo conceito doutrinário somente aos direitos, liberdades e garantias.

É possível, portanto, identificar uma série de avanços e de progressos da doutrina constitucional europea moderna no que tange a complexa tarefa de efetuar definições e caracterizações acerca da central problemática representada pela distinção existente entre os direitos fundamentais explicitamente garantidos e protegidos constitucionalmente e os que não possuírem essa instrumentalização constitucional correspondente. Assinala-se igualmente que o reconhecimento da existência dos direitos materialmente fundamentais se constitui em um fato relativamente recente na história constitucional europeia e portuguesa em particular, com a da Constituição de 1911 de Portugal. No texto desta Constituição em especial, no seu art. 4º, verifica-se, na forma expressa, a especificação das garantias e direitos sem excluir outras modalidades de garantias e direitos não enumerados, que se encontram em outros bojos legais.

Este avanço do conteúdo constitucional em Portugal pode ser observado e detectado em sua respectiva evolução histórica ao se verificar que os problemas decorrentes dos direitos fundamentais não expressamente instrumentalizados e positivados em normas constitucionais foram identificados pela doutrina constitucional portuguesa mais importante da época. A análise desse fato revela-se de crucial importância para que se possa entender a temática central foco do presente subcapítulo, ou seja, a definição, a caracterização e a distinção existente entre os direitos fundamentais explícitos e implícitos. De fato, essa central problemática detectada pela primeira vez na constituição portuguesa de 1911 é adequadamente tratada por vários representantes de destaque da doutrina constitucional europeia da atualidade, dentre os quais destacamos a abordagem de Jorge Bacelar Gouveia, um dos principais autores do moderno constitucionalismo português, segundo o qual,

> *[...] as garantias que constam de outras leis – escrevia Marnoco e Sousa – são garantias ordinárias, mas não constitucionais. De duas uma: ou as garantias que constam de outras leis constituem matéria constitucional, mas nesse caso cai-se no absurdo de considerar como constitucionais garantias estabelecidas pelas leis ordinárias, tornando-se difícil a reforma dessas leis, ou tais garantias não constituem matéria constitucional e nesse caso não se pode explicar a referência que este artigo lhe faz, pois a constituição deve ocupar-se unicamente das garantias constitucionais.*[71]

Tendo-se em vista essa discussão pertinente a essa relevante questão de ordem jusfilosófica, evidenciamos que não há como evitar que as garantias que vierem a gozar determinados tipos de direitos fundamentais sejam constitucionais para que esses direitos possam ser efetivamente considerados pela doutrina

---

[71] GOUVEIA, Jorge Bacelar. *Direitos Fundamentais atípicos*. Lisboa: Editorial Notícias e Editorial Aequitas, 1995, p. 39 e s.

moderna como sendo assegurados e positivados constitucionalmente e, portanto, expressos e não somente consagrados em garantias previstas pelas leis ordinárias, posto que o que interessa aos constitucionalistas da atualidade é o referencial analítico representado pelas garantias constitucionais. Essa realidade jurídica ensejada pelo moderno constitucionalismo nos impele a igualmente considerar que, para podermos adequadamente e em todas as suas dimensões, compreender a distinção admitida pela doutrina atual, como existente entre direitos fundamentais explícitos ou oficialmente assegurados pelo texto constitucional e os implícitos ou imanentes à natureza do ser humano ou não contemplados oficialmente pela constituição, deveremos, da mesma forma, analisar objetiva e criteriosamente a distinção existente entre direitos fundamentais relativos e absolutos.

Entende-se, inicialmente, por direitos fundamentais os que dizem respeito às relações externas dos indivíduos na sociedade, como por exemplo, os de manifestação do pensamento, de culto, de reunião, de propriedade, que podem ser objeto de proteção e de garantias constitucionais a serem efetivamente garantidas pelo aparelho jurídico-institucional do Estado. São designados de absolutos aqueles direitos naturais do ser humano, que em razão de sua natureza interna, são insuscetíveis de controle estatal, os de pensamento e crença. O Estado detem o poder de disciplinar as relações externas do homem na vida social, mas não pode intrometer-se na esfera individual e pessoal do ser humano nem lhe impor convicções. O Estado pode, apenas, disciplinar e regulamentar os atos relativos à manifestação do pensamento, porém não o pensamento em si mesmo.

Por conseguinte, os direitos fundamentais absolutos são aqueles direitos intocáveis do ser humano, que toda ordem constitucional moderna deve necessariamente respeitar e jamais violar sob pena de não poder definir-se como democrática e legal. Enquanto que os relativos são os direitos passíveis de prestação jurisdicional pelo Estado em favor dos cidadãos que reivindicarem os seus direitos. E é justamente em razão de tais posicionamentos conceptuais e do alcance teórico de tais definições que podemos depreender a importância da relativização do conceito de direitos fundamentais para que se possa efetivamente distinguir os direitos fundamentais explícitos dos implícitos. Os direitos passarão a ser explicitamente ou não protegidos em textos constitucionais quando forem definidos e interpretados com base em sua relevância para a garantia de uma vida pautada por uma dignidade e por uma eticidade minimamente condizentes com a existência humana.

Além disso, devemos citar uma outra classificação pertinente aos direitos fundamentais, que os distingue e os caracteriza com base em seu caráter de exigibilidade e de cunho privado inerentes ao seu referencial básico. Este referencial básico se constitui na instrumentalização positiva, que vem a ser o parâmetro de toda a série de análises a serem efetuadas pela moderna doutrina constitucional em suas tentativas de obterem efetivamente, uma caracterização e uma distinção adequadas a diferenciar os direitos fundamentais explícitos dos implícitos baseados nesses parâmetros teóricos de crucial relevância jusfilosófica, técnica, sistêmica e analítica. Essa outra classificação é reconhecida pela moderna doutrina constitucional.

Enquanto os direitos fundamentais positivos se constituem naqueles que consubstanciam-se nos direitos básicos que consistem na faculdade conferida aos seus respectivos cidadãos pela constituição de exigirem e de serem atendidos pelo Estado ao procurarem determinadas prestações assistenciais do Estado, os direitos negativos se constituem naqueles que limitam o poder estatal impondo-lhe inexoravelmente uma atitude de abstenção, de não intervenção. Esses direitos, oportunamente designados de direitos fundamentais negativos, se constituem nos denominados direitos subjetivos do homem contra o Estado. Ou, em outras palavras, eles vêm a ser justamente aquela categoria de direitos básicos que acompanham o desenvolvimento e a evolução da humanidade, os quais, por sua vez, se caracterizam pelo fato de apresentarem traços personalíssimos, como a de serem criadas representando fielmente a imagem divina no ser humano, logicamente detentores de seus atributos que os tipificam e identificam como tais, como o de livre-arbítrio e o de dignidade pessoal.

Essas características pessoais que traçam indiscutivelmente a identidade dos direitos fundamentais negativos acham-se compreendidos no bojo dos direitos naturais, os quais não variam no espaço e no tempo, além do que, não podem ser modificados por nenhuma lei advinda da vontade humana. Isto nos impele a observar que o aparelho estatal não as cria, não as outorga, e por conseguinte, não dispõe do poder de alterá-las ou de suprimi-las e a chegar à conclusão de que o direito natural é anterior e superior ao Estado, como é do conhecimento da doutrina moderna brasileira e mundial. Podemos, portanto, depreender a partir da definição e da caracterização apresentadas acima que os direitos fundamentais negativos se constituem na categoria de direitos básicos imanentes a qualquer ordem jurídica e legal estabelecida pelo homem e advindos do direito natural. Então, os direitos fundamentais negativos se consubstanciam em uma modalidade de direitos de crucial relevância para a configuração e delineação definitivas dos direitos humanos fundamentais em sua acepção moderna como liberdades e garantias fundamentais essenciais para o convívio humano coletivo com a plena observância de seus princípios universais numa reafirmação de seu caráter humanizador, ético e civilizador de toda a comunidade humana.

A doutrina constitucional moderna, seja nacional ou não, admite, por conseguinte, a existência simultânea de direitos fundamentais negativos advindos do direito natural, cuja essência e marca indistinta é o caráter de universalidade e de imanência principiológica e axiológica, e a dos direitos fundamentais positivos, ou seja, aqueles instrumentalizados positivamente no texto constitucional com as suas respectivas garantias. Daí porque deduzir que essas categorias de direitos básicos se revestem de uma importância crucial para a adequada compreensão dos direitos fundamentais explícita e implicitamente expressos intra e extra constitucionalmente. De fato, considerando-se essa categoria de direitos fundamentais, podemos com objetividade e rigor doutrinários identificar e determinar o verdadeiro alcance e as diversas dimensões que incidem na efetiva concepção e caracterização do que realmente venham a ser os direitos fundamentais implícitos e explícitos. Portanto, podemos com segurança afirmar como sendo duas as categorias principais de direitos fundamentais atualmente reconhecidas pela Constituição de 1988, os de dentro e os fora do catálogo, com base em seu art. $5^{\underline{o}}$, § $2^{\underline{o}}$.

Inicialmente, no que tange a essa modalidade de direitos básicos, podemos destacar, dentre os que se acham fora do catálogo duas espécies: os decorrentes da ordem jurídica adotada pela Constituição, mas plasmados na própria Constituição formal e os decorrentes de tratados internacionais de direitos humanos e, logicamente, não integrantes, ao menos diretamente, de seu texto Constitucional formal. Quanto aos direitos fundamentais compreendidos dentro do catálogo, em conformidade com a doutrina constitucional moderna, é pacífico a submissão desses direitos ao regime de proteção e de garantias constitucionais. Contudo, tal submissão verifica-se apenas, no que diz respeito à possível existência de direitos fundamentais somente em sentido formal ou apenas material. Logicamente, que a jurisprudência e a doutrina da atualidade pôde facilmente identificá-los e defini-los, vindo essa categoria de direitos básicos (tanto os implícitos como os explícitos), a se consubstanciar nos direitos que integram, objetivamente, o rol das cláusulas pétreas. Estas cláusulas se submetem a um regime especial de restrição, e são de aplicabilidade imediata e invioláveis, compondo, por conseguinte, o rol das cláusulas constitucionais sensíveis.

Essa realidade doutrinária relativa aos direitos fundamentais explícitos e implícitos se constituem em duas categorias de direitos que não podem de forma alguma ser modificados, reduzidos em seu alcance, proteção e garantia, posto que tudo o que vier a compor o rol das cláusulas pétreas é, em razão de seu significado e acepção internas, imutável no tempo e não admite sob qualquer hipótese, alguma inobservância a seus dispositivos correspondentes. Por conseguinte, é perfeitamente lógico e dedutível que a doutrina constitucional brasileira da atualidade tenha possibilitado o maior avanço em matéria de proteção dos direitos humanos, fazendo da Constituição de 1988 um documento jurídico de referência mundial nessa matéria específica, ao efetivamente dotá-los de um caráter positivo de inviolabilidade e de inalterabilidade em seu conteúdo, substância e alcance, num feito inédito na história constitucional nacional, vindo a se constituir essa, em mais uma ocasião para recordarmos o alto valor e qualidade jurídicas, cívicas e éticas alcançados pela carta brasileira atualmente em vigor.

Por outro lado, para obtermos uma visão adequada e para compreendermos mais fácil e eficazmente o que venham a ser os direitos implícitos e explícitos ou dentro do catálogo, com sua correspondente caracterização, ao nos reportarmos aos termos adotados pela Constituição Brasileira de 1988, devemos destacar que no que diz respeito aos direitos fundamentais fora do catálogo, algumas dificuldades podem vir a ocorrer. Essa realidade teórica se dá, sobretudo na doutrina, porque a maioria dos constitucionalistas da atualidade não tem encontrado consensos acerca do que efetivamente tipificaria a fundamentalidade de um direito, além do que, os direitos fundamentais fora do catálogo são recepcionados sob regime jurídico especial, com a condição que efetivamente conservem esta característica de fundamentalidade que a identifica indistintamente.

Considerando as discussões feitas podemos objetivamente afirmar que os direitos fundamentais explícitos e implícitos ou dentro do catálogo são facilmente identificáveis em termos doutrinários, o contrário do que se verifica quanto aos direitos fundamentais fora do catálogo. Isto nos conduz a observar que os direitos fundamentais dentro do catálogo podem se constituir em objeto de estudo e de análise com facilidade notavelmente superior à outra categoria de direitos, bem como apresenta menores dificuldades de compreensão e de tratamento doutrinários frente aos direitos fundamentais de fora do catálogo. Esse conjunto de fatores nos possibilita delinear, conceber e delimitar com relativa facilidade o que venham a ser os direitos fundamentais explícitos e implícitos, contudo, isto se verifica, apenas, no que se refere ao alcance e à amplitude dimensional e constitucional deles. Este fato se verifica, sobretudo, no que diz respeito à qualidade e ao valor universal e coletiva de que se reveste essa categoria de direitos em especial, vindo a abrangerem, os mesmos, o maior número de liberdades e garantias constitucionais atualmente consagradas e reconhecidas na Constituição Brasileira de 1988. Tal realidade nos autoriza a reafirmar e a enfatizar novamente a crucial relevância desta Carta.

Nessa perspectiva temos as considerações de José Geraldo Brito Filomeno como se seguem:

> *[...] falar-se em cláusulas pétreas, ou seja, dispositivos imutáveis, a qualquer pretexto, a menos que se rompa a própria ordem constitucional estabelecida, mediante processo revolucionário, assim como de Constituições rígidas, de um lado, e Constituições flexíveis, de outro.*[72]

Essas duas categoria de direitos fundamentais em especial, ou seja, os direitos explícitos e implícitos, por conseguinte, encontram-se firmemente protegidas e garantidas na Carta Brasileira de 1988 mediante as cláusulas pétreas, cujo caráter de inadmissível mutabilidade e violação, nos proporcionam uma medida aproximada da seriedade e consciências cívicas e morais, bem como da relevância demonstrada pelos constitucionalistas nacionais ao atribuírem o valor devido a essas modalidades de direitos fundamentais quando conduziram o processo de delineação, elaboração e definição conclusiva da Constituição de 1988. Os direitos fundamentais explícitos e implícitos foram, portanto, beneficiados por uma visão constitucional e jurídica essencialmente progressista no que tange a proteção e garantia dessas duas espécies de direitos em especial. Imprimiu-se ao texto constitucional de 1988, dessa forma, evidentes aspectos formais, estruturais e técnico-legais extremamente bem construídos, organizados e rigorosamente assentados na moldagem sistemática das modernas técnicas e métodos jurídicos da atualidade referentes às formas de edificação atualmente existentes e eficazmente aplicadas à supracitada constituição. Destacamos também, um caráter progressista e de vanguarda do texto constitucional brasileiro, no que tange a proteção, garantia e consagração instrumentalizadas de ambas as espécies de

---

[72] FILOMENO, José Geraldo Brito. *Manual de teoria geral do Estado e ciência política*. 4ª ed. Rio de Janeiro: Forense Universitária, 2001, p. 254.

direitos em questão, num feito sem precedentes para os diversos representantes dos âmbitos acadêmico, científico e profissional do direito brasileiro da época engajados em um projeto jurídico e intelectual dessa envergadura.

Essa realidade constitucional relativa à Carta Brasileira de 1988 pode ser objetiva e facilmente constatada ao examinarmos o disposto pelo seu art. 5º, § 2º, a partir do qual evidenciamos que os direitos e garantias expressos no seu correspondente texto constitucional não excluem outros direitos resultantes do regime, bem como dos princípios adotados pela mesma ou ainda dos tratados internacionais em que o Brasil vier a integrar. Tal circunstância específica nos impele a assinalar que o direitos e liberdades fundamentais explicitados na referida Constituição possuem um caráter simplesmente exemplificativo já que não excluem de seu bojo os designados direitos implícitos.

Com base nessa ampla e detida discussão é possível depreender que tanto os direitos fundamentais explícitos como os implícitos desempenham um papel de fundamental relevância junto a toda e qualquer democracia e Estado de Direito da modernidade, fato este que pode ser constatado ao se examinar a doutrina constitucional nacional e mundial da atualidade. Essa situação prevista pela doutrina constitucional pode ser facilmente identificada ao atentarmos para a questão de que é pacífico, doutrinariamente falando, que atualmente os Direitos Humanos ou Direitos Fundamentais se constituam em um dos princípios estruturantes do Estado Constitucional, e, por conseguinte, se consubstanciam em categorias dogmáticas do direito positivo. Esta realidade nos conduz necessariamente a ressaltar que tanto os direitos fundamentais explícitos como os implícitos integram objetivamente a estrutura da constituição dos países com essas características político-institucionais e jurídicas, bem como, logicamente, possuem natureza dogmática.

Finalmente, considerando o exposto, atestamos que tanto os direitos fundamentais explícitos como os implícitos se encontram plenamente contemplados e consagrados na atualidade nas mais diversas constituições dos países que adotaram o Estado Democrático de Direito, observador e respeitador de todas as liberdades e garantias básicas do ser humano, sobretudo o Brasil cuja Carta Constitucional de 1988 se apresenta como um dos mais avançados textos constitucionais da atualidade, comparando-se a cartas de outros países a ela contemporâneas. Devemos, além disso, ressaltar que as normas que disciplinam os direitos humanos nos tratados internacionais devem ser incorporadas formalmente mediante decreto legislativo no direito positivo nacional. A realidade é que essa categoria de normas em especial possuem natureza jurídica de normas materialmente constitucionais e, consequentemente, integram implicitamente a estrutura da constituição, caracterizando-se, portanto, por apresentarem valor dogmático, isto é, são efetivamente direitos *prima facie* com *status* de cláusulas pétreas.

## 2.4 O PRINCÍPIO DA DIGNIDADE DA PESSOA HUMANA

É fato universalmente reconhecido que os direitos humanos, em razão de sua complexidade e abrangência axiológicas e principiológica, estão fundamentados em um conjunto de princípios, valores e normas que estruturam, sintetizam e informam acerca do sentido geral da Carta Constitucional como um todo, vindo, portanto, a se afigurarem nos elementos de ordem subjetiva e interna que orientam todo o ordenamento constitucional positivo. Por conseguinte, os princípios e os valores que permeiam a ordem constitucional se constituem em verdadeiros guias que orientam o intérprete e o jurista acerca da dimensão e do alcance e do caráter intrínsecos de uma determinada carta constitucional a ser focalizada em uma análise tendente identificar e determinar a natureza subjetiva, estrutural e orgânica do bojo legal e teórico da referida Carta Magna, vindo a serem instrumentos de valia para a adequada compreensão da mesma.

Consequentemente, os princípios são reconhecidos como sendo o fundamento de todo o ordenamento jurídico em sua qualidade de princípios constitucionais, uma vez que se situam na posição superior da escala normativa. E, por serem eles mesmos, normas, passam, a partir desse momento, as normas supremas do ordenamento jurídico-constitucional. De fato, os princípios constitucionais são adotados como sendo critérios por excelência para que possam avaliar concreta e eficazmente todos os conteúdos normativos. Isto se verifica desde sua constitucionalização que, por sua vez, vem a ser a positivação no seu mais alto grau, recebendo como instância valorativa a máxima categoria institucional com o correspondente prestígio e respectiva posição de hegemonia que objetivamente se conferem às normas inseridas nas leis fundamentais, que beneficiados por esta relevância adicional, se tornam inexoravelmente na norma das normas.

Essa realidade relativa aos princípios constitucionais se verifica em conformidade com a doutrina constitucional atualmente existente, na circunstância em que a Constituição incorpora uma ordem objetiva de valores, o que de fato concretiza-se a partir do momento em que a dignidade da pessoa humana e os direitos da personalidade passam objetivamente a figurar como esteios da ordem política e da paz social.

Ao analisarmos essa questão fundamental do moderno constitucionalismo, podemos definitivamente compreender a relevância crucial desempenhada por valores e por princípios da dimensão e do alcance universal, como é o da dignidade da pessoa humana. Este princípio diz respeito ao progressivo e crescente reconhecimento do ser humano como centro e fim do direito. Esta é uma tendência mundial de todo ordenamento jurídico após o término da Segunda Guerra Mundial, ou seja, de 1945 em diante, cuja conscientização e observância efetivas a ela correspondentes se intensificaram com a denúncia dos crimes contra a humanidade, bem como das inaceitáveis experiências traumáticas registradas no período da ocupação nazi-fascista, na Europa, durante a guerra de 1939-1945. Esse princípio vem desde então, a ser efetivamente contemplado como valor básico do Estado Democrático de Direito coletivo e universal.

É fato reconhecido que desde que o homem foi colocado como centro das atenções e das preocupações doutrinárias, cívicas e morais das instituições e órgãos competentes em matéria de proteção e garantia dos direitos humanos,[73] o princípio da dignidade da pessoa humana passou a ser considerado como um dos pilares fundamentais de toda e qualquer ordem constitucional da atualidade, como é possível observar ao analisarmos, por exemplo, documentos constitucionais pertencentes a outros países. De fato, o princípio da dignidade da pessoa humana se encontra amplamente difundido e definitivamente protegido nas mais diversas cartas constitucionais, desde o fim da Segunda Guerra Mundial. No texto da Constituição da República Italiana, de 27 de dezembro de 1947, é possível identificar essa orientação principiológica e axiológica inserida na parte relativa aos princípios fundamentais, mais especificamente, em seu art. 3º, a afirmação taxativa de que todos os cidadãos possuem a mesma dignidade social e se caracterizam pela igualdade frente à lei.

---

[73] Nova ocorrência que contribuiu para o desenvolvimento lógico do processo evolutivo da consagração plena dos direitos e garantias fundamentais e de seus respectivos substratos axiológicos e principiológicos.

Outras constituições e cartas magnas ao redor do mundo, no período posterior à guerra de 1939-1945, também consagraram o princípio da dignidade da pessoa humana. Neste sentido, a Carta Fundamental de Bonn se destacou pioneiramente dentre elas, isto é, a Constituição Alemã de 23 de maio de 1949, efetivamente inovou nessa matéria, ao expressamente consagrar e resguardar, pela primeira vez até então, o aludido princípio (artigo 1.1). Ela defende firme e claramente a intangibilidade do princípio da dignidade da pessoa humana bem como preceitua que os poderes públicos têm o dever legal de respeitar, de proteger e de defender o referido princípio, num feito sem precedentes na doutrina constitucional de então. De fato, a Constituição Alemã foi a primeira carta constitucional a objetiva e expressamente proteger e garantir, jurídica e institucionalmente, o princípio da dignidade da pessoa humana no pós-guerra, ao concretamente dotá-lo de correspondentes instrumentos e garantias legais que viessem, efetivamente, resguardá-lo e garanti-lo em prol dos seus respectivos cidadãos. Este movimento conscientizador sensibilizou definitivamente os constitucionalistas alemães da época, acerca de um princípio constitucional central como é o da dignidade da pessoa humana, cuja inspiração esses partidários foram buscar nas disposições estabelecidas pela Declaração Universal dos Direitos Humanos, de autoria das Nações Unidas e promulgada a 10 de dezembro de 1948, marco inicial da proteção mundial dos direitos e liberdades fundamentais do homem. É imperioso destacar a influência desses movimentos sobre os constitucionalistas alemães, representada pela observância e pelo respeito aos direitos naturais e inalienáveis do ser humano, propostos pela primeira vez na história, pelos revolucionários franceses mediante a Declaração dos Direitos do Homem e do Cidadão, de 26 de agosto de 1789.

Outras constituições de países europeus como Portugal e Espanha igualmente resguardaram, seguindo essa mesma linha de orientação principiológica e doutrinária, o princípio da dignidade da pessoa humana. Ainda que não atribuindo a mesma importância ao referido princípio como foi o caso da Carta Alemã de 1949, essas constituições se apresentam contundentes e claras em manifestar a sua defesa, proteção e garantia ao princípio imanente e inviolável do ser humano, uma vez que dispuseram objetivamente em seus textos constitucionais, dispositivos que efetivamente o consagraram e contemplaram em sua plenitude. Desde 1945, portanto, o que ocorreu foi uma crescente constitucionalização do princípio da dignidade da pessoa humana, em um número progressivamente maior de países, a principiar pelas nações democráticas e avançadas do Ocidente que estiveram inicialmente na dianteira frente às demais, no intento de conferirem garantias constitucionais a um princípio de primeira relevância e centralidade como é o da dignidade da pessoa humana, o qual se constitui em um dos pilares básicos de todo ordenamento constitucional da atualidade.

O princípio da dignidade do ser humano, é um princípio efetivamente relevante para que uma ordem constitucional moderna possa ser, dessa forma designada, uma vez que o mencionado princípio se constitui no norte que orienta todo o respectivo arcabouço constitucional e infraconstitucional. Isto faz com que o princípio da dignidade do ser humano se destaque como valor unificador dos direitos e garantias fundamentais que se encontram corporificados no texto constitucional, além de legitimar os direitos fundamentais implícitos, resultantes do regime e dos princípios adotados por essa mesma constituição. Consequentemente, tudo isso, a exemplo do posicionamento de José Afonso da Silva,[74] nos conduz a frisar que a dignidade da pessoa humana é um valor fundamental na construção do ordenamento jurídico, o qual pela sua amplitude e diversidade axiológica, doutrinária e etimológica confere diversos significados ao termo dignidade, ao objetivamente utilizá-la em diferentes contextos e esferas da atuação humana, o que podemos constatar ao expressamente nos referirmos às suas acepções de dignidade social, de dignidade espiritual, de dignidade intelectual e de dignidade moral.

Esse entendimento está fundamentado, portanto, na sustentação doutrinária de que as diversas espécies de dignidade são parte integrante e característica do comportamento humano, ponto de vista que também compartilhamos, uma vez que da mesma forma defendemos que a dignidade da pessoa humana se constitui no elemento aglutinador dos direitos e garantias fundamentais. Ressalte-se que o Estado existe em decorrência da sociedade e que o princípio em questão não é uma criação constitucional, mas a efetuação de sua respectiva positivação. É a demonstração concreta de sua existência imanente e de sua necessidade de proteção e de resguardo. Esse posicionamento doutrinário referido anteriormente nos induz a notar que a dignidade da pessoa humana em suas dimensões axiológica e principiológica está presente em praticamente todas as esferas da atuação e do comportamento humanos, vindo, portanto, a se constituir em um princípio central de todo o ordenamento jurídico e constitucional. É justamente em razão disso que o princípio da dignidade da pessoa humana se revela como sendo um princípio nuclear que orienta toda a estruturação e sistematização orgânicas da parte subjetiva que embasa os

---

[74] Cf. SILVA, 2002.

fundamentos de uma constituição característica de um Estado Democrático de Direito.

Segundo Alexandre de Moraes, é lógico que a dignidade da pessoa humana,

> *[...] concede unidade aos direitos e garantias fundamentais, sendo inerente às personalidades humanas. Esse fundamento afasta a ideia de predomínio das concepções transpessoalistas do Estado e Nação, em detrimento da liberdade individual. A dignidade é um valor espiritual e moral, inerente à pessoa, que se manifesta singularmente na autodeterminação consciente e responsável da própria vida e que traz consigo a pretensão ao respeito por parte das demais pessoas, constituindo-se um mínimo invulnerável que todo estatuto jurídico deve assegurar, de modo que, somente excepcionalmente, possam ser feitas limitações ao exercício dos direitos fundamentais, mas sempre sem menosprezar a necessária estima que merecem todas as pessoas enquanto seres humanos.*[75]

Diante do exposto, podemos depreender que a dignidade da pessoa humana é um princípio de importância ímpar, uma vez que repercute em todo o ordenamento jurídico. Portanto, este princípio se afigura em um mandamento nuclear e central do sistema jurídico, cujos efeitos fazem-se sentir nas demais normas e princípios que o compõem intrinsecamente. É pacífico e reconhecido universalmente, conforme a doutrina constitucional nacional atual, que a tutela e a proteção institucionalizadas dos direitos pressupõe logicamente que seja sem obstáculos de

---

[75] Cf. MORAES, 1998, p. 66.

qualquer natureza respeitada a dignidade do homem. Tal verdade exige, portanto, que o Estado seja compelido a adotar as providências e medidas adequadas para que possam ser conferidas às pessoas, as garantias mínimas de vida digna e condizente com as suas qualidade, condição e caráter intrínsecos próprios do ser humano.

Constitui-se, em um dos deveres fundamentais do Estado o de proporcionar um conjunto de garantias e de instrumentos constitucionais positivos que assegurem minimamente a existência da pessoa humana de forma digna e coerente para com a sua condição de ser humano. Isto nos autoriza a afirmar que jamais poderá ser formulado, construído e operacionalizado um ordenamento jurídico avançado sem que tenham sido resguardadas à pessoa humana, as suas liberdades e garantias básicas. Um dos maiores avanços e conquistas da Constituição Brasileira de 1988,[76] é representado pela ênfase atribuída aos direitos e garantias fundamentais, em especial modo, pela proeminência conferida à dignidade da pessoa humana. Princípio este no qual os legisladores constituintes de 1987-1988 concentraram esforços, talento e competência profissionais e intelectuais de tal forma a fazer com que o Estado viesse a proporcionar as condições para que todos os cidadãos pudessem possuir o direito a uma existência digna.

Ao estudar eficazmente acerca da importância, abrangência, significado e dimensão intrínsecas do valor da dignidade da pessoa humana, no que tange a um determinado ordenamento jurídico e constitucional, havemos de concordar que diante de circunstâncias específicas, nas quais houver desrespeito à vida e à integridade física do ser humano, onde os pressupostos mi-

---

[76] Os avanços da Constituição Brasileira a transformaram em um dos textos constitucionais mais adiantados do mundo se comparado a cartas fundamentais de outros países a ela contemporânea.

nimamente necessários para uma vida digna e condizente com a natureza humana não forem garantidas, e houver o desacato à privacidade das pessoas e a falta de sua proteção contra o arbítrio do poder, não poderá existir dignidade da pessoa humana. Nessas circunstâncias a dignidade da pessoa humana é desconsiderada, negada. Essa situação em especial, é tanto mais grave uma vez que enseja a proliferação de injustiças, bem como, de violações que atentam seriamente à existência digna e justa de todo ser humano condizentes com sua natureza e condição. Isto porque, a concepção de homem-objeto, conforme nos é dado perceber, vem a ser justamente o oposto da noção da dignidade da pessoa humana, o que por sua vez impede a implantação de uma ordem constitucional que possibilite a proteção e consagração de todas as garantias e liberdades fundamentais que caracterizam efetivamente um Estado de Direito, democrático e ético, cuja implantação nunca seria viável sem a observância da dignidade da pessoa humana, pressuposto de todos os demais princípios e normas de sua respectiva ordem jurídica e constitucional.

É, da mesma forma, importante ressaltar que a observância do princípio da dignidade da pessoa humana é requisito essencial para que se possa estabelecer efetivamente uma ordem constitucional consagradora e respeitadora dos direitos e liberdades fundamentais do ser humano e, portanto, democrática, pois traduz fielmente o espírito pluralista, ético e cívico de um Estado de Direito, tal como é conhecido na atualidade. A propósito, é oportuno frisar que o princípio da dignidade da pessoa humana diz respeito ao livre-arbítrio, bem como à liberdade de decisão e de escolha do ser humano, já que esta pressupõe todas as demais normas e princípios que compõem um determinado ordenamento constitucional. Esse caráter vem a ser facilmente depreendido, tendo-se em vista que a dignidade da pessoa humana é a essência axiológica de todo ser humano.

Assim, considerando essa discussão podemos com segurança afirmar que qualquer norma que efetivamente se colocar contra a dignidade da pessoa deve ser recusada e afastada. Essa situação em especial, nos conduz a observar que um sistema de normas que contrariar o princípio da dignidade da pessoa humana, qualquer que seja a sua natureza e finalidade, nunca poderá ser um direito com correspondente ordenamento jurídico e constitucional ética, cívica e axiologicamente aceito, uma vez que estará atentando gravemente ao mais relevante dos princípios constitucionais, o princípio da dignidade da pessoa humana. Este princípio se constitui no pressuposto de todos os demais princípios e normas que compõem o seu sistema jurídico e legal, o que torna por sua vez impossível a implantação em termos institucionais, constitucionais e jurídicos de um Estado Democrático de Direito que de fato respeite e garanta as liberdades e garantias fundamentais do ser humano.

E esse conjunto de realidades teóricas e de estudos doutrinários feitos se apresentam mais fortalecidos quando, a respeito da dignidade da pessoa humana e sua natureza intrínseca, Eduardo C. Bianca Bittar afirma que:

> *O ser humano é aquele que possui a liberdade, que tem a possibilidade de, ao menos teoricamente, determinar seu 'dever-ser'. É essa possibilidade que deve ser levada em conta, respeitada, considerada. A essência da dignidade do ser humano é o respeito mútuo a essa possibilidade de escolha. A especificidade do ser humano é sua liberdade. A dignidade a ele inerente consistirá no respeito a essa possibilidade de escolha.*[77]

---

[77] BITTAR, Eduardo C. Bianca. *Curso de Filosofia do Direito*. 2ª ed. São Paulo: Atlas, 2002, p. 462.

É evidente, portanto, a profundidade e a magnitude da relevância do princípio da dignidade da pessoa humana, pois ele se constitui em parte integrante de uma norma cuja função específica é a de legitimar a ordem estatal. Tal fato nos impele a afirmar que todas as ações a serem efetivamente empreendidas pelo Estado devem fundamentar-se basicamente nos direitos fundamentais do cidadão, mediante a preservação da dignidade existente, ou ainda, por meio da criação de mecanismos e de dispositivos necessários ao seu exercício e efetiva proteção. O princípio da dignidade da pessoa humana e sua correspondente instrumentalização e positivação constitucional se afiguram como sendo essenciais para que se possa assegurar efetivamente a plena cidadania a todos os membros de uma determinada sociedade pertencentes às mais diversas camadas sociais que objetivamente a integrarem. Sua eficácia e garantia estarão intimamente relacionadas à capacidade do aparelho estatal garantir a observância aos direitos e liberdades fundamentais, por parte de todos os atores sociais. Esses direitos e liberdades fundamentais, jamais podem ser observados sem que seja respeitado o valor da dignidade da pessoa humana, tendo-se em vista a natureza e a condição humanas que identificam e caracterizam universalmente o ser humano.

A cidadania plena, destarte, somente pode ser obtida a partir da adequada conjugação de princípios, valores e normas que ao comporem o ordenamento jurídico e constitucional, tornam possível a existência de meios instrumentalizados e positivos que venham de fato a assegurar os direitos e garantias fundamentais da pessoa humana. A pessoa humana, por sua vez, assenta a sua existência em uma dimensão axiológica e principiológica de ordem ética e cívica cuja imanência identifica e tipifica esses direitos como produtos evidentes da natureza, da índole e da condição humanas e, logicamente, deverão ser observados e garantidos. E é justamente em razão disso que uma cidadania plena deve ser consubstanciada em um conjunto de normas que garantam a sua eficácia e observância na prática, sem as quais não haveria resguardo da dignidade da pessoa humana, o que sem qualquer impedimento de ordem doutrinária nos impele a observar que:

> *A existência de um direito implica sempre um sistema normativo, onde por 'existência' entende-se tanto o mero fato exterior de um direito histórico ou vigente quanto o reconhecimento de um conjunto de normas como guia da própria ação. A figura do direito tem como correlato a figura da obrigação.*[78]

Não há direitos nem garantias fundamentais que possam ser assegurados sem o suporte normativo prévio que confira obrigatoriedade e coerção à observância desses mesmos direitos básicos, cujo resguardo e consagração somente se tornariam realidade mediante o poder coativo da norma jurídica, que nesse caso é constitucional, vindo, dessa forma, a viabilizar a cidadania, sobre a qual estão assentados os valores da igualdade e da dignidade da pessoa humana. O sustentáculo do direito a ter direitos vem a ser, portanto, o ordenamento jurídico e constitucional, que viabiliza uma existência digna para o ser humano em sua qualidade de cidadão, que o faz partícipe plenamente da vida nacional de seu país, tornando-o o beneficiário de uma cidadania completa, cujo embasamento está assentado justamente na garantia instrumentalizada e positivada daquele conjunto de princípios e de valores inerentes à natureza humana traduzida em um aparato legal e em um sistema jurídico em forma de normas positivas.

---

[78] BOBBIO, Norberto. *A era dos direitos*. Rio de Janeiro: Campus, 1992, p. 79.

Essa necessidade de se dotar o sistema normativo de resguardo dos direitos e garantias fundamentais em prol dos cidadãos de uma determinada sociedade vem ao encontro, portanto, da expectativa de se atender eficaz e objetivamente à satisfação das condições e pressupostos minimamente condizentes com a vida do ser humano. Dessa forma, este ser humano pode, de fato, existir com a garantia de seus valores e princípios básicos consagrados e efetivados por um conjunto de normas correspondentes em seu plano jurídico e institucional. Foi justamente o que aconteceu no Brasil com a Constituição de 1988, cujo respectivo texto constitucional consagrou e garantiu, em seu art. 1º, III, a dignidade humana como um fundamento do Estado Democrático de Direito. Essa modalidade de Estado em especial se caracteriza pelo fato de possuir dupla responsabilidade, em primeiro lugar a de garantir de fato o cumprimento da lei e em segundo, a de assegurar os direitos e garantias fundamentais. Essa realidade tem sua explicação lógica e facilmente perceptível no fato de que o Estado, a partir do momento em que consagra os direitos básicos como valores fundamentais, torna-se o principal responsável pela efetivação desses mesmos direitos. Para isto ser possível somente as leis não são suficientes, mas também se fazem indispensáveis uma série de ordenações estatais claramente orientadas para a efetividade das necessidades e anseios sociais de sua população.

É mister, portanto, que nos conscientizemos acerca de que não é suficiente que os direitos e garantias fundamentais estejam efetivamente assegurados nos ordenamentos e aparatos legais para transformar um Estado em Estado Democrático de Direito. Para esses direitos e garantias se façam realidade carece que se encontre uma forma de viabilizá-los concretamente, ou em outras palavras, o Estado considerado sob a sua tripartição de poderes e a sua correspondente ordem jurídica devem necessariamente estar submetidos aos princípios fundamentais, sobretudo ao princípio da dignidade da pessoa humana. Nem poderia ser diferente, uma vez que a dignidade da pessoa humana se constitui em um princípio que conglomera todas as demais normas jurídicas, razão pela qual todas as normas infraconstitucionais que não se compatibilizem, devem ser consideradas como revogadas ou ainda declaradas inconstitucionais. Além disso, a importância da dignidade humana diz respeito ao fato de que ela mesma se constitui em um critério que orienta o criador do direito, o legislador, e o aplicador do direito, o juiz, no desempenho de suas respectivas funções.

Dessa realidade relativa à dignidade humana, em suas concepções e dimensões axiológicas e principiológicas que abrangem praticamente todas as esferas da vida humana, sublinhamos que "a referência à dignidade da pessoa humana parece conglobar em si todos aqueles direitos fundamentais, quer sejam os individuais clássicos, quer sejam os de fundo econômico e social".[79]

Finalmente, a questão dos direitos humanos está intimamente relacionada à intervenção de um Estado que se autodenomina democrático de Direito para efetivamente assegurar a dignidade humana em todos os seus planos de atuação e para todas as classes sociais que compõem a sua sociedade. Concluindo, para que se possa garantir uma efetiva aplicação dos direitos humanos e concretização do princípio da dignidade da pessoa humana faz-se necessário que sejam superadas as barreiras do elitismo e da exclusão e que, portanto, se esteja comprometido com a vida humana em todos os seus multíplices aspectos e facetas, a qual deve ainda ser oportunamente valorada de forma equânime para todos os seus cidadãos.

---

[79] BASTOS, Celso Ribeiro. *Comentários à Constituição brasileira*. São Paulo: Saraiva, 1988, p. 425.

# PARTE III

# 3 O DIREITO À EDUCAÇÃO COMO DIREITO FUNDAMENTAL: UMA POSSIBILIDADE CONSTITUCIONAL

É imperioso assinalarmos que dentre os direitos sociais, ou de segunda geração, o direito à educação adquiriu no decorrer dos últimos dois séculos, um caráter de necessidade e de importância de tal magnitude, a impelir os especialistas em educação e as autoridades competentes e institucionais em garantirem o seu respeito e observância no mundo da atualidade. É inquestionável que somente mediante a educação os indivíduos poderão ser dotados das condições mínimas para poderem ter acesso ao conjunto de bens e serviços disponíveis na sociedade, vindo a educação a se constituir em um requisito necessário para se usufruir outros direitos que integram o estatuto da cidadania.

Atualmente, o direito à educação se constitui em um direito fundamental do indivíduo. É um direito consagrado na legislação da maioria dos países, cuja existência é essencial para o seu desenvolvimento e formação adequadas à inserção da pessoa na sociedade a qual pertence como agente participativo, produtivo e, portanto, efetivamente cidadão.

Logo, a educação não pode ser dispensada em nenhuma hipótese por uma sociedade, sob pena de inviabilizar a qualificação mínima necessária ao indivíduo de tal forma a torná-lo apto a ser cidadão e participante ativo da vida social. É por isso mesmo, que o seu respectivo direito, bem como a garantia a ele relacionada sejam de responsabilidade do Estado. Efetivamente, é interesse e obrigação do Estado garantir a todos os seus filhos o acesso à educação, uma vez que é por meio dela que os cidadãos se conscientizam acerca de seus direitos e deveres e, portanto, podem exercer plenamente o seu direito a ter direitos.

De fato, o direito à educação, por ser indispensável na formação e na obtenção de um estágio de desenvolvimento que possibilitem ao indivíduo o pleno exercício da cidadania, adquire o mesmo caráter de universalidade e de urgência de outros direitos sociais, tais como o direito à alimentação, à saúde, ao transporte, à segurança, a um lar, à dignidade, além de outros, os quais por sua vez se constituem requisitos vitais para se conseguir o pleno cumprimento do primeiro. É justamente em virtude disso que os direitos sociais precisam ser assegurados de forma conexa ao direito à educação.

É indiscutível, que se não se tem assegurado antes o direito à alimentação, pressuposto básico para que o indivíduo possa adquirir saúde física, não há como se falar em saúde mental. Por conseguinte, a saúde mental é condição necessária e indispensável para que a pessoa possa efetuar o esforço de entender, de aprender e de assimilar conceitos e noções caracterizadas pelo mais diverso grau de complexidade e de profundidade cognitivas. Por outro lado, não há como acessar ao conhecimento científico, filosófico e técnico, e ainda noções dos mais diversos ramos do conhecimento se a pessoa não pode se locomover de sua residência à escola ou instituição de ensino equivalente, ou seja, é necessário a saúde física para se locomover e que se tenha assegurado o direito ao transporte.

Enfim, urge, dada a sua notável importância e necessidade prementes para o processo de dignificação do ser humano, que se garanta à família do estudante, condições adequadas de renda e de trabalho de forma a poder sustentar o seu filho de forma adequada e que possa garantir a sua permanência na escola e o êxito no processo educativo-escolar. Somente mediante a adoção dessas medidas essenciais, será possível evitar a repetência do aluno e a sua evasão da escola.

Destarte, o direito à educação em sua qualidade de direito fundamental essencial à garantia do pleno e irrestrito exercício da cidadania por parte do indivíduo a ser, pela educação, beneficiado em sua caminhada para se tornar um agente participativo e detentor de direitos na sociedade, claramente exige é que o seu resguardo e garantia efetivos devem necessariamente constar no bojo legal e jurídico positivo das constituições democráticas e modernas, o que faz de sua respectiva consagração condição *sine qua non*, para que um país ou sociedade garanta as condições mínimas para o exercício da cidadania plena de seus respectivos membros.

Essa realidade assinalada nos impele a destacar que a educação e seu respectivo direito devem ser resguardados e consagrados em toda ordem constitucional positiva da atualidade. Isto nos conduz a observar que os constitucionalistas de todos os países e sociedades considerar como democráticas e avançadas, precisam necessariamente encontrar uma fórmula jurídica que venha a proteger a observância efetiva do direito frente a sua possível violação por parte do Estado, o qual, diga-se de passagem, possui o dever jurisdicional de prestação do direito à coletividade; coletividade essa última à qual se destina a sua missão pública.

Com base na discussão feita havemos de reconhecer que o direito de educação se identifica e se define, sobretudo, pelos seu caráter de universalidade e de obrigatoriedade, o que se infere por a educação se constituir em um direito de todos, e em dever do Estado em assegurá-la e garanti-la, sendo, portanto universal, porque diz respeito a toda a coletividade de indivíduos. Consequentemente, o direito à educação se constitui na atualidade, em um direito social de primeira importância e necessidade, uma vez que, a exemplo de outros direitos sociais básicos, como o direito à saúde e o direito ao trabalho, foi plenamente contemplado e incluído em numerosos tratados, carta de princípios, convenções e acordos internacionais.

Desde o fim da Segunda Guerra Mundial intensificaram a tendência à universalidade dos direitos e liberdades fundamentais do ser humano. O primeiro dentre esses direitos, por importância e alcance, foi contemplado pela Declaração Universal dos Direitos Humanos, de iniciativa e efetuada pela ONU – Organização das Nações Unidas, solenemente proclamada a 10 de dezembro de 1948, onde, clara e objetivamente, dispôs em seu art. 26, que a educação é um direito de toda a coletividade humana e gratuita em suas primeiras etapas. Portanto, a educação é universal e gratuita, considerando-se a sua notável relevância junto ao processo de formação e de desenvolvimento digno de todo ser humano.

Como consequência lógica disso, o direito à educação passou, desde então, a ser objeto de outras cartas e convenções internacionais que vieram a reafirmar e consolidar definitivamente a sua importância e significado para a consecução do estágio final do desenvolvimento normal de todo e qualquer ser humano, que é representado pela obtenção das condições mínimas necessárias ao pleno exercício da cidadania. Inegável, pois, a significação do papel desempenhado pela educação na consolidação dos valores e princípios que congrega. Após a Declaração Onuana dos Direitos Humanos de 1948, o direito à educação passou a ser objeto, dos Pactos Internacionais, da ONU, ocasião em que os princípios e aspirações mundiais relativos à educação recebiam pela primeira vez na história, um caráter de cunho vinculativo relativo aos Estados que os ratificassem, bem como da Declaração Americana dos Direitos e Deveres do Homem, de abril de 1948, da Declaração dos Direitos da Criança, adotada pela ONU a 20 de novembro de 1959, da Conferência Geral da Organização das Nações Unidas para a educação, a qual celebrou a 14 de dezembro de 1960 a Convenção Relativa à Luta Contra a Discriminação no Campo do Ensino, e, enfim, da convenção sobre os Direitos da Criança, adotada pela Resolução 44 da Assembleia Geral das Nações Unidas, de 20 de novembro de 1989, em seu art. 28.

Enfim, vale afirmar a importância e o grau de consciência mundial que foram sendo adquiridas progressivamente pela comunidade das nações, em medida ainda mais intensa e acelerada a partir de 1945, como consequência da Segunda Guerra Mundial. Nesta época se deu uma sensibilização cada vez mais profunda e fortalecida a respeito da universalidade e da obrigatoriedade de alguns direitos fundamentais básicos do ser humano, como por exemplo, os direitos sociais, ou direitos humanos de segunda geração, e dentre esses o direito da educação. Este último, vem a ser um direito social coletivo e obrigatório, uma vez que a educação é direito de todos e dever do Estado e da família, conforme entendimento da doutrina moderna.

Ora, se o direito à educação é um direito de todos, e, por conseguinte é universal, e é dever do Estado e da família de garanti-lo e assegurá-lo aos indivíduos, é óbvio que o mesmo é um direito social subjetivo público, uma vez que se fundamenta na prerrogativa de o cidadão exigir a prestação jurisdicional do

Estado desse mesmo direito, e em caso de sua violação por parte do aparato estatal poderá responsabilizar judicialmente o mesmo. Trata-se, portanto, de um direito subjetivo público que resulta de norma de caráter público, designativo, que extrai as suas características básicas a partir do objeto da relação jurídica e da sua indisponibilidade. Além disso, é prescindível que o Estado seja um dos polos do vínculo, uma vez que o direito à educação enquanto direito subjetivo público, é oponível tanto ao Estado como aos outros indivíduos. Assim sendo, ao ser consagrada a disciplina normativa e garantido abstratamente, o exercício de um direito, está logicamente autorizado ao seu titular exigir a prestação do dever jurídico por parte de seu detentor, que nesse caso é o Estado.

E é justamente em razão disso que, respaldados na doutrina jurídica moderna, devemos entender o direito subjetivo público como a faculdade, assegurada e garantida por lei, de exigir do Estado uma determinada conduta: seja uma ação, seja uma omissão. Considerando essas concepções e definição doutrinárias, podemos assegurar que a todo direito subjetivo de uma determinada pessoa corresponde o dever de outra, cuja obrigação se não for observada nem cumprida, o será por força de procedimento judicial, sendo o referido direito invariavelmente protegido mediante uma ação judicial.

Dos argumentos expostos havemos de depreender que direito subjetivo pode ser entendido como sendo o poder de agir, assegurado pela norma jurídica, para a satisfação de um interesse, sendo que, a todo direito subjetivo corresponde uma pretensão, que no caso do direito à educação, é a própria educação que, por sua vez, se consubstancia na faculdade de exigir de outrem, no caso, do Estado, uma determinada prestação. Da mesma forma, considerando a doutrina jurídica especializada em matéria existente atualmente, podemos com segurança afirmar que: a toda pretensão corresponde uma ação, cuja ação pode ser definida, em outras palavras, como sendo o meio processual adequado para obter do Judiciário, tutela do direito ameaçado, ferido ou lesado, na forma previamente estabelecida pela sentença correspondente, ou ainda, como sendo a faculdade ou prerrogativa de pleitear a prestação jurisdicional do Estado.

Além disso, é fundamental, para a efetiva obtenção dos nossos objetivos no decorrer do referido subcapítulo, que teçamos uma oportuna distinção entre o direito de ação, ou direito público subjetivo do direito subjetivo. O direito de ação é denominado pelos autores modernos de direito subjetivo público, já o direito subjetivo é designado como sendo direito subjetivo material. Relativamente ao direito subjetivo público, devemos assinalar ainda o entendimento de Chiovenda, que o considera como direito potestativo, em razão do fato deste se constituir em um poder jurídico sem obrigação que lhe corresponda. Dessa forma, o direito de ação é autônomo em relação ao direito subjetivo material, uma vez que completa-o e protege-o.

Devemos aqui enfatizar que coube a Giuseppe Chiovenda[80] fixar pioneiramente as bases do moderno direito de ação, ou seja, do direito subjetivo público, como poder jurídico criador de condição para a efetiva aplicação judicial do direito, também por ele denominado de direito potestativo. O direito de ação não se restringe apenas ao titular do direito. No nosso caso o direito à educação, toda pessoa pode possuí-lo. Pode, de fato, haver direito de ação sem direito subjetivo, sendo que tem-no qualquer cidadão, o qual se acha legitimado para propor ação popular em defesa de interesses difusos, que são de titularidade de todos, sem ser exclusivamente de uma única pessoa, como por exemplo, o direito à educação.

---

[80] CHIOVENDA, Giuseppe. *'L'azione nel Sistema dei Diritti'. Saggi di Diritto Processuale Civile*. Bolonha: Ditta Nicola Zanichelli, 1904, p. 1 e ss., em especial, p. 113.

Entendido o que venha ser direito subjetivo público, podemos volver novamente nossas atenções analíticas sobre o direito à educação, e constatar que, como consequência lógica da consagração e garantia de um direito, o poder público deve necessariamente adotar o poder de coerção estatal para assegurar a sua real implementação no plano fático. Havemos de ressaltar que, ao ser desatendido um determinado direito de titularidade do indivíduo que for seu detentor em virtude da inobservância de um dever jurídico que recaia sobre o Estado, poderá o interessado solicitar sua pretensão em juízo.

Entretanto, no que tange ao direito subjetivo, a essa altura observamos que, embora seja concebido e interpretado sob uma perspectiva essencialmente privatista,[81] está mesmo assim demonstrada com evidência a presença de um dever correspondente a um direito de sua usufruição. Ao ser transposta para o plano dos direitos sociais, essa orientação privatista, bem como essa constatação não necessita ser alterada significativamente, uma vez que ao ser mantida sua essência, faz-se necessária apenas a ampliação dos titulares detentores da *facultas agendi*, o que pode ser obtido ao substituir o seu exercício individual pelo seu correspondente, em uma dimensão coletiva muito mais abrangente e ampla do que a precedente.

Assim sendo, pode-se concluir que o direito de educação para que venha a ser efetivado em sua plenitude, ou seja, para que o mesmo possa ser eficazmente atendido em benefício do conjunto de indivíduos que integram uma determinada sociedade ou país, faz-se necessário que esse direito seja dotado de garantias e de instrumentos de proteção positivos que somente uma ordem jurídica constitucional poderá dotá-lo e revesti-lo.

---

[81] Orientação na qual os interesses individuais justificavam a previsão normativa e orientavam a sua concreção.

A garantia e os instrumentos de proteção compelirão qualquer pessoa ou ente complexo a observá-lo sob pena de sofrerem as consequências jurídicas de sua violação e inobservância. Efetivamente, o direito à educação, para que venha a ser realmente um direito de todos e ao mesmo tempo um dever do Estado e da família em prestá-lo e oferecê-lo, deverá ser necessariamente acompanhado daquele conjunto de instrumentos jurídicos de proteção que o consagrarão de fato na prática.

Essa realidade jurídica referente ao direito à educação diz respeito a outros direitos sociais básicos tais como o direito à saúde, ao trabalho, à dignidade e ao lar. Para que esses direitos se façam concretamente reais e ativos, necessitam de adequados instrumentos legais que garantam a sua observância e resguardo por parte do poder público estatal, do qual exigir-se-á o direito público subjetivo ou direito de ação correspondente, no nosso caso o direito à educação. Por conseguinte, todo direito social público subjetivo, dentre os quais o direito à educação, para ser efetivado necessita de uma correspondente garantia ou instrumentalização constitucional para poder ser de fato uma realidade no contexto jurídico e judicial, tendo-se em vista o seu caráter de universalidade, obrigatoriedade e gratuidade, o que somente verificar-se-á na prática mediante a sua inserção instrumental no bojo intrínseco de um determinado texto constitucional.

Com efeito, não se pode falar em direito à educação plenamente assegurado sem essas garantias e instrumentos constitucionais que vão proteger a sociedade e seus membros de eventuais violações, decorrentes de sua inobservância por parte do poder público estatal, poder este que se pressupõe deveria se afigurar no mais poderoso agente público capaz de garantir coletivamente esse direito social tão relevante e básico para o exercício integral da cidadania e para a garantia de um adequado desempenho do ser humano nas diversas dimensões da vida social de toda e qualquer sociedade moderna.

Nesta perspectiva, o moderno entendimento bem como a atual concepção do que venham a ser as garantias dos direitos fundamentais podem ser inferidos a partir do pressuposto básico de que:

> *Entre todos los limites impuestos al poder del Estado se considera que el más eficaz es el reconocimiento jurídico de determinados ámbitos de autodeterminación individual en los que el Leviatán no puede penetrar. El acceso a estas zonas prohibidas está cerrado a todos los detentores del poder, al gobierno, al parlamento y, dado que los derechos fundamentales son 'inalienables', tambiém al electorado. Estas esferas privadas, dentro de las cuales los destinatarios del poder están libres de la intervención estatal, coinciden con lo que se há venido a llamar desde hace tescientos años los 'derechos del hombre' o 'libertades fundamentales'.*[82]

É preciso ressaltar, então, que em razão de seu caráter de individualidade e de privatismo, todos os direitos básicos do ser humano carecem, necessariamente, ser assegurados aos indivíduos, de forma a garanti-los e a protegê-los de abusos e de violações indevidas do poder público junto ao plano inalienável dos direitos e liberdades fundamentais da pessoa humana. Estas devem ser efetivamente reconhecidas e respeitadas pelo Estado, sob pena de o mesmo violar os princípios e valores mínimos da existência e da dignidade humanas. De fato, se atentarmos para a natureza dos direitos e liberdades fundamentais do ser humano,

---

[82] LOEWENSTEIN, Karl. *Teoría de la constitución*. Barcelona: Ariel, 1979, p. 390.

havemos de constatar que esses direitos, por serem pressupostos mínimos para uma vida digna condizente com a natureza humana, não podem sofrer interferência por parte do poder público estatal, posto que, se o mesmo violar qualquer desses princípios e valores imanentes e tipificadores da vida humana, estará atentando contra a própria existência dos indivíduos e, por conseguinte, estará desvirtuando a própria função do Estado que é a de proporcionar as garantias minimamente necessárias para que tais dimensões principiológica e axiológica essenciais do ser humano, não sejam lesadas e desrespeitadas por ninguém, muito menos pelo Estado, que tem o papel de assegurar e garantir sua proteção e defesa. De fato, sem as dimensões principiológica e axiológica essenciais do ser humano, não haveria coexistência entre os cidadãos de qualquer sociedade da atualidade.

Reafirmamos, portanto que, para que o direito social subjetivo público à educação tenha efetividade na prática, precisa ser acompanhado de uma série de instrumentos positivos constitucionais que garantam efetivamente a sua observância, e dispositivos legais contra quaisquer eventualidades possíveis de sua correspondente e previsível violação e desrespeito por parte de outrem e, inclusive, do próprio Estado, sendo, portanto, oponível a ambos. Daí a visão hodierna que reflete os estudos efetuados pelos autores dos nossos dias acerca da questão jurídica representada pela fundamentação jusfilosófica e constitucionalista da definição do que venha a ser de fato a garantia constitucional, a qual pode ser concebida, em conformidade com a doutrina moderna mais renomada:

> *As clássicas garantias são também direitos, embora muitas vezes se salientasse nelas o caráter instrumental de proteção dos direitos. As garantias traduziam-se quer no direito dos cidadãos a exigir dos poderes públicos a*

*proteção dos seus direitos, quer no reconhecimento de meios processuais adequados a essa finalidade.*[83]

A partir dessa definição, no que concerne as garantias constitucionais, será possível afirmar que se trata de uma espécie instrumentalizada e positivada de direitos, de tal forma a se poder, criteriosa e objetivamente, distingui-las das demais modalidades que não se acham revestidas de tais formas de proteção constitucional. Formas de proteção constitucional essas últimas, que se constituem na mais ampla e abrangente faculdade jurídica de o cidadão exigir do poder estatal uma determinada prestação relacionada a certo direito, que no nosso caso específico é consubstanciado pelo direito à educação. Daí podermos afirmar que as garantias constitucionais são também poderosos instrumentos de coerção legal de que dispõem os cidadãos para fazerem valer os seus direitos contra qualquer parte que os tenha deliberadamente ofendido ou violado, em qualquer circunstância jurídica, previamente prevista pelo seu dispositivo legal respectivo com a qual venham porventura a se deparar.

Quando nos referimos às garantias constitucionais, estamos, portanto, diante de autênticas construções jurídicas que tornam possível a efetividade dos direitos sociais subjetivos públicos, dentre os quais o direito à educação, em todas as suas dimensões e formas de manifestação existentes que concretamente os identifiquem e caracterizem, uma vez que legitimam perante a sociedade aquele conjunto de princípios e de valores básicos minimamente necessários à coexistência digna do ser humano com os seus semelhantes, em perfeita consonância com a sua natureza e essência intrínsecas, dentro do grupo ou reali-

---

[83] CANOTILHO, José J. Gomes. *Direito constitucional e teoria da Constituição.* 5ª ed. Coimbra: Almedina, 2002, p. 394.

dade sociais em que o mesmo estiver inserido. Por conseguinte, as garantias constitucionais são meios instrumentais judiciais que asseguram positivamente o mínimo existencial do ser humano em sua vida em sociedade. As garantias constitucionais se apresentam indispensáveis para o convívio do homem com outros homens, sem as quais não haveria sociedade tal como a concebemos atualmente, com todas as limitações da liberdade consagradas juridicamente, para que se possa viver dignamente na coletividade na qual estamos inseridos. Dessa forma, as garantias constitucionais vêm a satisfazerem as exigências mínimas da natureza humana em suas dimensões axiológica e principiológica, para que o indivíduo possa de fato participar das diversas manifestações de sua respectiva vida social.

Ao tratarmos das garantias constitucionais, dada a sua abrangência e teor doutrinários, logicamente, estaremos também abordando questões complexas e de crucial relevância para a sobrevivência de todo e qualquer sistema constitucional democrático propriamente dito, tal como o entendemos modernamente, uma vez que as garantias constitucionais,

> *[...] aunque están sometidas a una interpretación variable debido a la diferencia del ambiente donde estén en vigor, estas garantías fundamentales son el núcleo inviolable del sistema político de la democracia constitucional, rigiendo como princípios superiores al orden jurídico positivo, aun cuando no estén formulados en normas constitucionales expresas. En su totalidad, estas libertades fundamentales encarnam la dignidad del hombre.*[84]

---

[84] Cf. LOEWENSTEIN, 1979, p. 390.

Logo, quando nos referimos às garantias constitucionais, estamos tratando também de questões de relevância nuclear para a sobrevivência de todo um ordenamento constitucional positivo que alicerça uma democracia moderna como a conhecemos e a definimos na atualidade. Tudo isso torna as garantias constitucionais esteios com base nos quais se fundamenta toda uma ordem jurídica a ele correspondente, uma vez que os princípios e valores que embasam as garantias e proteções instrumentalizadas são imanentes e acima de tais ordens legais instituídas pelo homem, pelo simples fato de que os mesmos se consubstanciam na própria dignidade humana. Ao personificarem os direitos e liberdades fundamentais em suas dimensões axiológica e principiológica não temos como negar que sem as suas respectivas proteções constitucionais jamais poderão atingir plena e eficazmente o seu objetivo e finalidade iniciais. Portanto, não há registros de direito algum que se efetive sem que se observe espontaneamente no convívio dos indivíduos em sociedade, o que tornaria por si só, inviável a existência de qualquer coletividade humana. Daí a necessidade evidente de se dotarem os textos das cartas constitucionais de instrumentos legais que, de fato, protejam e garantam os mesmos contra quaisquer hipótese de inobservância, contra qualquer parte que venha a desrespeitá-los ou violá-los, inclusive o próprio Estado que deveria ser o seu garante-mor, de tal forma a tornar realidade a legitimidade total dessa categoria de direitos básicos em especial, que são os direitos sociais subjetivos públicos, a qual o direito à educação pertence.

É pacífico, portanto, em conformidade com a doutrina jurídica atualmente vigente, que as garantias constitucionais representam uma condição *sine qua non* para que os direitos e liberdades fundamentais do ser humano possam ser gozados em sua plenitude e irrestritamente por parte dos indivíduos, seus beneficiários e por serem os direitos sociais, tais como o direito à educação, direitos fundamentais coletivos e obrigatórios. É óbvio que, para serem efetivamente observados e cumpridos, esses direitos fundamentais coletivos e obrigatórios necessitam, daquele poder de coerção imperativo que somente a instrumentalização positiva em um texto constitucional asseguradores de sua prestação jurisdicional, podem concretamente garantir. Essa situação incontestável nos conduz a sublinhar o caráter de indispensabilidade que claramente caracteriza os direitos fundamentais do ser humano, em especial os direitos sociais ou de segunda geração, como por exemplo, o direito à educação, cuja existência, observância e resguardo são de extrema relevância para as pessoas e para as sociedades. Todo ser humano tem direito a viver de forma condizente com a sua natureza e dignidade.

E é justamente em razão disso, que os textos e cartas constitucionais de todos os países e sociedades que se podem denominar Estados Democráticos de Direito, devem necessariamente inserir em seus bojos legais e disponibilizar para os seus cidadãos, aquela série de garantias e de instrumentos protetores constitucionais que salvaguardem efetivamente, todo um conjunto de direitos básicos do ser humano, sobretudo os direitos sociais, que pelo seu alcance, abrangência e relevância se afiguram na base de toda e qualquer sociedade que se possa autodenominar livre e democrática.

É perfeitamente compreensível que os fundamentos e as bases doutrinárias da moderna teoria constitucional se alicercem sobre as garantias institucionais e constitucionais, e, a correspondente teoria dos direitos fundamentais formulada recentemente na história da evolução doutrinária não dispensa um reconhecimento público e oficial que seja imperativo e irrenunciável, sem o qual não teriam os mesmos algum valor efetivo e operacional frente à sociedade, em termos essencialmente jurídicos e filosóficos pelos quais são analisados e estudados.

De fato, os direitos e liberdades fundamentais em uma ordem constitucional democrática moderna pressupõem todo um conjunto de garantias e de instrumentos de proteção legal sem os quais não se poderia concretizar os diversos objetivos de igualdade de oportunidades e de acesso aos benefícios da vida social moderna, aos quais, somente uma democracia, também moderna, pode visar e concretizar para a grande maioria de seus cidadãos e membros.

Uma democracia moderna, com instituições sólidas e estáveis, jamais poderia considerar-se como tal, se a sua respectiva ordem constitucional sobre a qual se fundamenta, não for dotada de uma instrumentalização positiva de proteção para que possa efetivamente garantir, na prática, o exercício pleno dos direitos e deveres de seus respectivos cidadãos. Esta afirmação nos impele a enfatizar que o papel desempenhado pelas garantias institucionais e constitucional no Ocidente democrático é cada vez mais determinante e decisivo no que tange a efetiva garantia do respeito e observância dos direitos sociais. E a efetiva consagração jurídica desses direitos é essencial para que eles possam ser uma realidade cada vez mais associada a sua ordem livre definitivamente inserida e defendida pelas suas instituições legítimas, e, portanto, cada dia mais se faça uma comprovação do vigor, da solidez, da estabilidade e da confiabilidade de uma sociedade democrática na atualidade e para o futuro.

É inegável, por conseguinte, que os direitos sociais ou de segunda geração, com destaque ao direito à educação, estejam adquirindo nesses princípios do século XXI cada vez maior valor e significação, o que nos cumpre a afirmar que faz-se urgente e necessária a sua proteção legal e instrumental respectiva, uma vez que as exigências e anseios das mais diversas sociedades emergentes e países em desenvolvimento, como no caso do Brasil, clamam por resoluções rápidas e efetivas de seus preocupantes problemas sociais em contexto mundial marcado por transformações econômicas, técnicas e sociais cada vez mais intensas e aceleradas. Traduzindo essa realidade global mundial para o plano essencialmente jurídico e constitucional, poderemos com certeza afirmar que:

> *El resultado visible de este proceso es que las exigencias de una mayor seguridad económica y justicia social quedan concretadas en los derechos fundamentales de contenido social y económico. Estos nuevos 'derechos' fundamentales se diferenciam esencialmente de los recogidos por el antíguo catálogo liberal. No están destinados a garantizar la libertad frente al Estado y la protección contra el Estado, sino que son pretensiones del individuo o del grupo colectivo ante el Estado. El Estado tiene, primero, que actuar para satisfacer estos derechos fundamentales. No son derechos en el sentido jurídico, ya que no pueden ser exigidos judicialmente del Estado, antes de que no hayan sido institucionalizados por una acción estatal.*[85]

Os direitos sociais, portanto, tal como podemos constatar anteriormente, se caracterizam, sobretudo, por serem exigíveis pela coletividade e não apenas por um único indivíduo. Esses direitos dizem respeito aos interesses e necessidades públicas e universais de todos os segmentos de uma determinada sociedade. Vale sublinhar, por conseguinte, que a violação de um determinado direito social relativamente a uma única pessoa

---

[85] LOEWENSTEIN, op cit, pp. 400-401.

diz respeito não somente ao grupo social a que pertence, mas a todo o conjunto da sociedade, já que sua inobservância atinge toda uma coletividade que dele se beneficia. Portanto, a pretensão desse mesmo indivíduo ou grupo de pessoas relativo a esse mesmo direito social, para que seja efetivamente observado e garantido o seu benefício a si e à sociedade à qual pertencem, carece ser cobrada e exigida do Estado a fim de que ele cumpra o seu papel de prestador efetivo desses benefícios junto a sua população. Por conseguinte, cabe ao Estado tornar realidade concreta o cumprimento da garantia de tais categorias de direitos de forma a preencher as expectativas e exigências das mais diversas camadas sociais. E é por isso mesmo que não se constituem em uma categoria de direitos fundamentais de caráter jurídico, pelo simples fato de que devem ser institucionalizados e protegidos por uma ação estatal volvida a inseri-los em seu bojo constitucional respectivo. Somente assim, esses direitos poderão efetivamente ser exigidos como prestação jurisdicional a ser efetuada pelo Estado. Daí porque tais modalidades de direitos básicos estão diretamente relacionados ao grau de consciência social e cívica das instituições públicas e dos demais poderes estatais, no sentido de oportunamente legitimá-los e protegê-los juridicamente em prol de todos os segmentos de sua correspondente sociedade, em seu sentido mais amplo, coletivo e universal.

É necessário da mesma forma asseverar que, em razão de sua própria natureza universal e obrigatória, os direitos sociais ensejam a exigência de igualdade no acesso e na disponibilização dos mesmos, de forma a fazer com que os direitos sociais devam ser pautados em seus dispositivos constitucionais pela orientação jurídica do tratamento igualitário e de beneficiar a coletividade dos seres humanos que compõem uma determinada sociedade e não apenas de um indivíduo isoladamente. Em outras palavras, as garantias constitucionais relativa aos direitos sociais precisam ser revestidas de um conjunto de proteções e de defesas instrumentalizadas, oportunamente acompanhadas de uma série de caminhos e de meios judiciais o suficientemente organizados e estruturados, de forma a prever as hipóteses legais de suas eventuais violações e inobservância. Oportuno sublinhar que essas mesmas garantias institucionais que asseguram a plena efetividade dos direitos sociais devem ser amplas e flexíveis para que possibilitem a contemplação das mais diferentes situações e circunstâncias jurídicas em que far-se-ão necessárias à defesa mediante meios e procedimentos judiciais decorrentes de instrumentalização constitucional positiva.

Considerando esse conjunto de fatores e de aspectos intrínsecos que compõem a complexa e intrincada questão doutrinária representada pelos direitos sociais, e sua respectiva proteção instrumentalizada positiva, no âmbito de uma determinada ordem constitucional com todas as exigências de defesa deles decorrentes, somos compelidos a ressaltar que para que possa ser formulada e construída uma espécie de garantia institucional e constitucional, que possa abranger todas as diversas circunstâncias jurídicas de suas violações e inobservâncias, necessário se faz entender a concepção de garantia que se ajuste aos direitos sociais de uma forma mais ampla, abrangente e condizente com suas natureza e essência que objetivamente os identificam e tipificam frente às outras categorias de direitos fundamentais do ser humano. Por conseguinte, havemos de recorrer às concepções, bem como às definições de garantia que sejam as mais abrangentes e adaptáveis possíveis à dinâmica realidade das transformações econômicas e sociais as quais se acham profunda e diretamente relacionados os direitos sociais, dentre esses o direito à educação logicamente.

Diante de tudo isso somos impelidos a evocar uma definição que seja ao mesmo tempo elástica e específica, a fim de abranger o dinamismo e a variabilidade de aspectos e de elementos estruturais que compõem um direito social de primeira importância, como é o direito à educação, de forma a ajustar-se a todas as eventuais situações e circunstâncias jurídicas passíveis de proteção coercitiva oponível ao Estado, no sentido de fazer com que o poder público garanta efetivamente o referido direito a todas as camadas da população. Essa definição deverá, portanto, prever e corrigir coercitivamente todas as eventuais condutas que se desviarem do dever de cumprir esse direito social. No que tange às garantias, havemos, por conseguinte, de seguir a definição que melhor traduza a complexidade e dinamismos intrínsecos inerentes ao direito à educação, posto que:

> *Não se pode deixar de reconhecer aqui o nascimento de um novo conceito de direitos fundamentais, vinculado materialmente a uma liberdade 'objetivada', atada a vínculos normativos e institucionais, a valores sociais que demandam realização concreta e cujos pressupostos devem ser 'criados', fazendo assim do Estado um artífice e um agente de suma importância para que se concretizem os direitos fundamentais de segunda geração.*[86]

Essa nova definição de direitos fundamentais, fundamentada numa renovada visão conceptual, está alicerçada em valores sociais, os quais ensejam um conjunto de garantias mínimas e de ações anteriores por parte do poder estatal, que deve satisfazer as condições necessárias para a sua viabilização e exequibilidade concretas. Esta convicção nos faz sublinhar que o conceito de

---

[86] BONAVIDES, Paulo. *Curso de Direito Constitucional*. 13ª ed. São Paulo: Malheiros, 2003, p. 567.

garantia que melhor se ajusta ao direito à educação, é o que ressalta o caráter de exigibilidade desse direito coletivo junto ao Estado, seu propiciador, disponibilizador e poderoso instrumento de garantia de sua efetiva observância. Com efeito, uma adequada definição de garantia para um direito social obrigatório e universal como é o direito à educação, implica necessariamente em uma objetividade e em uma racionalidade conceptuais que somente a doutrina constitucional moderna pode formular e disponibilizar aos pesquisadores acadêmicos do direito, bem como aos juristas que vierem, eventualmente, a desenvolver estudos sobre essa fundamental questão do constitucionalismo mundial e brasileiro da atualidade.

Por conseguinte, haveremos de nos orientar por uma definição de garantia que seja objetiva e ao mesmo tempo abrangente de forma a acompanhar um direito social com o dinamismo e a variabilidade do direito à educação, o qual acompanha as novas vicissitudes e anseios sociais dos mais diversos segmentos da sociedade. A necessidade de acesso ao ensino e a uma adequada educação está se tornando uma exigência cada vez mais urgente e solicitada junto ao Estado em, praticamente, todos os países em desenvolvimento e das sociedades emergentes na atualidade, como decorrência direta do conjunto de transformações progressivamente mais intensas e aceleradas de cunho econômico, social e técnico. Isto nos leva a entender e a conceber que "as garantias consistem nas prescrições que vedam determinadas ações do Poder Público que violariam direito reconhecido. São barreiras erigidas para a proteção dos direitos consagrados".[87]

Tendo-se em vista, essa concepção de garantia proporcionada pela doutrina constitucional brasileira moderna, que

---

[87] FERREIRA FILHO, Manoel Gonçalves. *Curso de direito constitucional*. 26ª ed. atual. São Paulo: Saraiva, 1999, p. 287.

contempla um direito social da importância e da necessidade estratégicas como é o direito à educação, podemos inequivocamente afirmar que somente uma constituição moderna dotada de meios instrumentais e positivados de ação judicial poderá concretizar a efetividade do referido direito social para toda a coletividade. Não há como negar que somente mediante um texto constitucional realmente abrangente, estruturalmente bem delineado e instrumentalmente moderno e operacional, poderá de fato garantir a real observância e cumprimento do direito à educação em todas as suas dimensões e manifestações nos planos social e econômico, cujas respectivas demandas de suas correspondentes implementação e efetivação se fazem progressivamente mais solicitadas e urgentes junto às mais diversas camadas da população de uma sociedade ainda emergente e em desenvolvimento, como é o caso do Brasil na atualidade. Desta feita, a Constituição Brasileira de 1988 dedica todo um capítulo ao direito à educação, com os correspondentes meios de proteção judiciais para que o cidadão brasileiro possa exigir a prestação jurisdicional por parte do Estado, no sentido de garantir efetivamente esse direito social, num avanço sem precedentes frente as constituições brasileiras do passado.

Entendendo moderna no sentido de assegurar e consagrar o direito à educação, nos seus pontos básicos tais como a igualdade no acesso ao ensino fundamental, ao ensino de $2^{\circ}$ grau, à democratização das oportunidades para o ensino superior, universitário e profissionalizante e a contemplar igualmente a educação especial e os recursos financeiros destinados à educação, havemos de asseverar que, para que uma constituição possa ser definida de moderna, haverá de associar o direito atribuído ao indivíduo, à disciplina jurídica volvida a assegurar o seu efetivo exercício. Isso nos impende a considerar que no constitucionalismo moderno, um direito subjetivo entendido como tal, sempre será passível de exigibilidade judicial, ainda que não oportunamente regulamentado e disciplinado por parte dos especialistas na matéria; o que se aplica a um direito subjetivo público coletivo como é o direito à educação.

De fato, não temos como fugir a essa realidade doutrinária, produto da mais adiantada e sofisticada teoria constitucional moderna. Por isso mesmo, vale conferir que:

> *Uma coisa é criar e conferir o direito a alguém; outra, posterior e autônoma, é regulamentar as formas de exercício desse direito (já conferido). Quando o Constituinte assim procede, o faz, por certo, movido pela maior conveniência que apresenta uma regulamentação geral e uniforme para todos. Se, todavia, o legislador não cumpre a determinação constitucional, e o direito permanece sem regulamentação, não deixa ele, por isso, de ser 'direito', e como direito (subjetivo) que é, não pode deixar de ser exigível judicialmente.*[88]

É pacífico que, em decorrência dessa visão construída pela teoria constitucional moderna, entendamos expressamente por garantia constitucional, que confira objetivamente efetividade ao direito à educação, como sendo uma proteção instrumentalizada do seu exercício em sua plenitude, vindo dessa forma a assegurar juridicamente a exigência de sua prestação em caso de inobservância do referido direito social pelo poder estatal, que deveria garanti-lo para a coletividade dos indivíduos. Isto nos impele a enfatizar que os dispositivos constitucionais de uma determinada carta deverão necessariamente contemplar e con-

---

[88] HAGE, Jorge. *Omissão inconstitucional e direito subjetivo*. Brasília: Brasília Jurídica, 1999, p. 53.

sagrar esse estratégico e nuclear direito social, sem os quais não poderíamos falar em direito à educação plenamente efetivado, mediante o irrestrito atendimento de todas as demandas sociais a ele direta e indiretamente relacionadas.

Assim considerando, pode-se concluir que uma constituição que de fato contemple o direito à educação em sua plenitude deverá necessariamente ser dotada de uma série de garantias e de meios judiciais de ação que correspondam ao conjunto de demandas e de necessidades dos mais diversos segmentos da sociedade. Daí a eminente necessidade de se dotar os dispositivos constitucionais referentes ao direito à educação, de uma adequada proteção instrumental, de forma a contemplar efetivamente todas as possíveis circunstâncias e situações jurídicas em que o seu correspondente direito subjetivo público à educação for deliberadamente descumprido ou violado pelo poder público estatal, poder este responsável pela sua observância e garantia efetivas ao conjunto de todos os indivíduos que compõem a sua sociedade.

Para uma constituição poder ser caracterizada como sendo própria de uma ordem jurídica democrática moderna e avançada, deverá revestir-se necessariamente daquela série de garantias constitucionais que assegurem efetivamente o mínimo de existencial essencial para que se possa falar em cidadania plenamente efetivada e consagrada. Por conseguinte, uma constituição será considerada moderna e típica de uma sociedade livre e democrática, se, e somente se, for dotada daquelas garantias constitucionais que viabilizem e efetivem completamente o exercício dessas garantias por parte do conjunto dos cidadãos que compõem a sua respectiva sociedade. Sem as garantias jamais poderemos falar em constituição democrática e cidadã, o que vale, sobretudo para os direitos sociais como o direito à educação.

Além disso, é necessário ressaltar que o direito à educação pressupõe como mínimo existencial, a universalidade do direito à educação bem como a igualdade das condições de acesso a todos os graus de ensino por parte das mais diversas camadas sociais, o que somente se efetiva, mediante uma carta constitucional moderna e cidadã, com toda a abrangência e a profundidade que esses termos ensejam. Essa nossa argumentação encontra respaldo na ideia de que:

> *Uma Constituição, se não pode ser hoje um documento sagrado ou um condensado de políticas, tem de continuar a fornecer as exigências constitucionais mínimas (os constitutional essentials, referidos por Rawls), ou seja, o complexo de direitos e liberdades definidoras da cidadania pessoal, política e econômica, intocáveis pelas maiorias parlamentares. Aqui, o dito constitucional é uma dimensão básica da legitimidade moral e material e, por isso, um elemento de garantia contra a deslegitimação ética e desestruturação moral de um texto básico através de desregulamentações, flexibilidades, desentulhos e liberalizações.*[89]

A partir desse raciocínio jusfilosófico, consubstanciado na moderna doutrina constitucional, podemos facilmente depreender que, hoje, para uma constituição ser considerada como tal terá que dispor necessariamente, daquela série de garantias constitucionais que venham a assegurar e a contemplar efetivamente, todo aquele mínimo existencial relacionado à dimensão dos direitos e liberdades individual, econômica, política e social,

---

[89] CANOTILHO, José Gomes. *Constituição dirigente e vinculação do legislador:* contributo para a compreensão das normas constitucionais programáticas. Coimbra: Coimbra, 1994, p. 2.

sem as quais jamais seria legítima e consequentemente, jamais teria validade como a carta constitucional que se propõe a ser. Esse raciocínio, no entanto, adquire maior força quando nos referirmos aos direitos sociais, sobretudo ao direito à educação, uma vez que, em razão de sua relevância axiológica e principiológica, reconhecemos que a Educação é indispensável para que se possa formar um cidadão plenamente capaz de exercer o seu direito a ter direitos na sociedade, ou seja, a exercer a sua cidadania de forma efetiva e abrangente, com todas as consequências e efeitos jurídicos dela decorrentes.

Os direitos sociais, como o direito à educação, são direitos subjetivos públicos. Este fato nos conduz ao entendimento de que uma constituição que realmente venha a contemplá-los em sua plenitude e abrangência far-se-á necessidade vital que venha a compelir o Estado a responsabilizar-se juridicamente pelo cumprimento e pela observância concretas desse direito social. Por ser a educação um direito de todos e dever do Estado e do grupo familiar, isto implica inevitavelmente num ônus ético, institucional e jurídico por parte do poder estatal encarregado de assegurá-lo para o conjunto de seus indivíduos que integram a sociedade sobre a qual o mesmo impera. De fato, a moderna teoria constitucional defende uma modalidade de carta constitucional que seja abrangente, adaptável, flexível e integradora das reais aspirações e anseios sociais de todos os membros da sociedade. Uma outra exigência desta teoria é que essa constituição seja formulada e elaborada com a participação ampla e irrestrita das mais diversas forças e grupos sociais, numa evidente demonstração do predomínio do constitucionalismo democrático na atualidade.

Respaldados na moderna doutrina constitucional, podemos afirmar que hoje, não existe nenhuma constituição no mundo que se possa autodefinir democrática e cidadã sem que a mesma contemple em seu bojo os direitos fundamentais sociais ou de segunda geração. Para que uma sociedade genuinamente livre e democrática possa ser construída, é indispensável que a constituição seja dotada dos direitos bem como das garantias sociais constitucionalmente instrumentalizadas, que assegurem a todos os seus cidadãos, direitos básicos para a dignidade humana, como é o direito universal à educação, à igualdade de acesso aos diversos graus de ensino, à igualdade de oportunidades educacionais, às quais por sua vez se constituem no mínimo existencial para que o indivíduo possa existir de forma condizente à sua natureza humana.

Nesta perspectiva havemos de acatar a ideia de Jorge Hage quando faz a seguinte afirmação esclarecedora:

> *Com isso se atribui, pela constituição, ao Estado, uma responsabilidade para a busca e o asseguramento dos 'pressupostos sociais' necessários à liberdade dos direitos fundamentais. O Estado fica obrigado a intervir no curso das condutas sociais livres, para a permanente relativização das desigualdades sociais, sempre renovadas na sociedade e também na direção global do desenvolvimento e do bem-estar sociais, como bases (sociais) da liberdade para todos. Para a garantia dos direitos fundamentais, isso significa que se incrementam as competências de regulação e de intervenção do Estado.*[90]

Nesse encaminhamento, os direitos sociais assumem cada vez mais uma relevância central dentro do texto constitucional especialmente os de categorias de direitos fundamentais. As exi-

---

[90] Cf. HAGE, 1999, p. 58.

gências e aspirações de uma sociedade emergente e em desenvolvimento, constantemente transtornada pelo ritmo cada vez mais acelerado das intensas transformações de ordem econômica, social, técnica e cultural que caracterizam indubitavelmente a Era Pós-Moderna Avançada,[91] e ensejam uma série de adaptações nos planos social, político, econômico, institucional e, logicamente, jurídico, uma vez que esse conjunto de modificações crescentemente profundas, estão afetando significativamente a própria evolução do direito e de sua evolução filosófica e doutrinária. Essa tendência pode ser constatada, somente se atentarmos para as mais diversas polêmicas e discussões doutrinárias que se verificaram no âmbito jusfilosófico nas últimas duas décadas e que estão continuamente surgindo na atualidade, em pleno século XXI. Podemos facilmente detectar, ao focalizarmos o conjunto de debates e de comentários cada vez mais complexos e duvidosos acerca da moderna Teoria dos Direitos Fundamentais, em que não apenas a questão do surgimento das 3ª e 4ª gerações de direitos fundamentais ainda é uma questão de desentendimento e discussões doutrinárias as mais acirradas, mas igualmente a crescente importância dos direitos sociais, como o direito à educação, e da necessidade cada vez maior de se garanti-lo e efetivamente protegê-los com o fim específico de vir ao encontro das velhas e novas expectativas de sociedades emergentes que, como o Brasil, necessitam da educação para garantir o pleno e irrestrito exercício de sua cidadania por meio da qualificação e da formação de seus cidadãos. Este objetivo somente será de fato, alcançado, com a democratização das oportunidades do direito à educação para todo o conjunto de sua sociedade.

---

[91] Fase histórica de organização da sociedade pós-industrial na qual nos encontramos nesses primórdios do século XXI.

Ora, uma população bem instruída e educada, logicamente será uma população criativa. E, certamente, essa população criará as condições mínimas para que se possa garantir o desenvolvimento autossustentado de que um país em franco desenvolvimento como o Brasil tanto necessita. Esta é, portanto, a condição básica para que se possa efetivamente garantir a obtenção de outras garantias e direitos sociais básicos para a consecução da cidadania plena, tais como: o direito à saúde, à alimentação, à moradia, ao trabalho, à dignidade e ao lazer. E é justamente em razão disso, que todos esses direitos sociais estão profunda e intimamente relacionados com o direito à educação, uma vez que a educação pressupõe o atingimento da extensão de seus benefícios prévios e simultâneos a toda população que virá a beneficiar-se desses mesmos benefícios, fazendo da educação um direito social nuclear, cuja conquista de seu exercício equânime, amplo e irrestrito por parte de todos os segmentos da sociedade, se estende para esses outros direitos sociais referidos acima.

A relevância crescente dos direitos fundamentais sociais, junto aos mais diversos planos da existência de uma sociedade pós-moderna, com evidentes consequências nos planos jurídico e institucional pode ser claramente verificada ao sublinharmos que:

> *Para Böckenförde, os direitos sociais, assim como os de liberdade, se dirigem ao Estado, mas aqui o Estado não é destinatário de uma pretensão de não intervenção, e sim de uma pretensão de realização. A liberdade deve possibilitar-se e assegurar-se, realmente, mediante prestações sociais e garantias estatais.*[92]

---

[92] HAGE, op cit, p. 59.

A partir desse conjunto de análises efetuadas à luz da moderna doutrina constitucional, podemos concluir que os direitos sociais são direitos subjetivos públicos porque, antes de qualquer outra coisa, destinam-se a se tornar realidade tanto os benefícios decorrentes do exercício de seus respectivos direitos, como a necessidade de estender os seus benefícios e a sua democratização, o que implica inexoravelmente no fato de o poder público tornar efetivos o exercício dos direitos a ele relacionados. É claro que diante disso os indivíduos que se opuserem ao Estado para terem assegurados tais direitos, fundamentarão o seu direito de ação em uma prestação de realização, o que o Estado nem sempre faz voluntariamente e positivamente. Daí, a necessidade de se adotar um instrumento de proteção constitucional que venha coercitivamente a compelir o Estado a reparar a sua conduta violadora desse determinado direito social subjetivo público, representado pelo direito à educação no nosso caso específico, não no sentido de atacar ou de ferir o Estado, mas apenas de obrigá-lo a cumprir com o seu papel mínimo primordial, que é o de garantir a realização dessa fundamental categoria de direitos básicos do ser humano que são os direitos sociais.

Torna-se, portanto, compreensível, que, ao tratarmos de direitos sociais, e mais especificamente do direito à educação, constatamos que todos eles estão necessária e diretamente relacionados a uma prestação, o que faz dos mesmos modalidades de direitos logicamente dependentes das pressões e demandas populares para que o seu efetivo resguardo venha a ser oportunamente reconhecido e institucionalizado juridicamente pelo Estado, mediante uma prévia ação estatal que de fato o tutele constitucionalmente em prol dos cidadãos. Consequentemente, o direito à educação não é igual, em sua qualidade de direito social subjetivo público, às demais categorias de direitos e liberdades fundamentais, uma vez que o primeiro se distingue dos segundos, pelo fato de que não está previamente caracterizado e determinado como todos os outros direitos fundamentais, mas encontra-se, isto sim, em constante moldagem e construção, em consonância com o crescimento das demandas e das exigências sociais que evoluem e seguem o mesmo ritmo das transformações econômicas e sociais modificadoras constantes da realidade social, e, portanto, causadoras de novas necessidades e demandas e prestações sociais.

Considerando-se as conclusões a que chegaram os mais diversos representantes da doutrina constitucional moderna acerca dos direitos sociais, dentre os quais acha-se o direito à educação, podemos observar que:

> *O 'direito à educação' ('o direito à universidade', 'o direito aos graus mais elevados de ensino') não é um direito, liberdade e garantia, pois trata-se de um direito necessariamente dependente de prestações ('criação de universidades', criação de 'institutos superiores'), não podendo o respectivo titular, a partir da norma constitucional, retirar um direito subjetivo* self executing.[93]

Essas discussões doutrinárias nos conferiu as ferramentas teóricas necessárias e imprescindíveis para que possamos determinar a real natureza e essência do direito à educação em suas dimensões axiológica, principiológica, sociológica, econômica e ética. O referido direito, pela amplitude e pela abrangência de seu alcance, de suas finalidades e objetivos coletivos deve ser considerado, avaliado e caracterizado em direto relacionamento com a importância de seus efeitos benéficos e dignificadores de toda e qualquer comunidade humana que almeje a uma existência

---

[93] Cf. CANOTILHO, 2002, p. 400.

minimamente digna e próspera. O direito à educação, portanto, vem a ser um direito social subjetivo público viabilizador das condições mínimas de dignidade ao simultaneamente proporcionar e pressupor o efetivo cumprimento de outros direitos sociais a ele direta e indiretamente relacionados, como o direito à alimentação, a constituir uma família, ao trabalho, à saúde, à dignidade, ao lazer e ao acesso à cultura. Não pode haver garantia plena do direito à educação sem que se garanta antes, direitos sociais como, por exemplo, o direito à saúde, à alimentação e à dignidade, que uma vez consagrados tornam possível a efetivação plena do direito à educação. A educação, por sua vez, favorece a capacitação mínima necessária para que o ser humano exerça plenamente a sua cidadania, vindo dessa forma a viabilizar o desenvolvimento econômico e social, pressuposto básico para a efetividade e garantia plenas dos demais direitos sociais.

Diante de todos os argumentos apresentados podemos definitivamente demonstrar e evidenciar a verdadeira e notável relevância de que se reveste o direito à educação em toda e qualquer sociedade humana, o qual assume na Era Pós-Moderna Avançada todos os pressupostos mínimos para uma existência condizente com a natureza e o caráter humanos. De fato, não é possível se falar em acesso universal à educação, em garantia plena do acesso amplo e irrestrito da educação a todas as camadas da população, bem como, igualdade de acesso às oportunidades educacionais em todos os graus de ensino, se antes não forem assegurados os direitos à alimentação, à saúde, à moradia, à justa remuneração da família do estudante. Esses direitos sociais aqui relacionados se constituem nos pressupostos e nos requisitos básicos para que o direito à educação possa ser objetivamente efetivado na plenitude de suas dimensões. Nenhum indivíduo, frise-se, terá acesso à educação sem que antes não tenha satisfeito as exigências alimentares, sanitárias e financeiras minimamente necessárias para uma vida digna.

Para, além disso, o direito à educação está se tornando progressivamente, e num ritmo acelerado, cada vez mais importante e necessário, considerando-se a demanda cada vez maior e mais intensa de exigências, de aptidões e competências profissionais e formativas pelo mercado de trabalho da era pós-moderna. De fato, a evolução, o progresso das sociedades pós-industriais no mundo, as estão tornando cada vez mais competitivas e polivalentes, de forma tal a exigirem sempre mais, do profissional do século XXI, preparo e qualificação gradualmente mais completa e aprofundada, como decorrência das acentuadas e aceleradas transformações econômicas, sociais, técnicas e culturais das últimas décadas.

Há de se reconhecer que os documentos legais e as cartas constitucionais dos países e sociedades que de fato desejarem estar preparadas para garantir um futuro digno e próspero para os seus membros, deverão, necessariamente, incluir cada vez mais dispositivos jurídicos que venham a contemplar o direito à educação, bem como, a ampliação e extensão desse direito a todos de forma igualitária e solidária. O direito à educação é um direito social básico e essencial não somente para se garantir o pleno exercício da cidadania de todos os membros de uma respectiva sociedade, mas também para garantir um grau de desenvolvimento econômico e social que viabilize o bem-estar geral e o avanço dos seus correspondentes indicadores econômicos e sociais, vindo dessa forma a assegurar todos os demais direitos sociais a ele relacionados.

Ao falarmos em direito à educação estamos nos referindo a uma ampliação do conteúdo axiológico e principiológico dentro do universo ético e cívico dos direitos sociais ou de segunda geração, uma vez que ao visar beneficiar o maior número de membros de um determinado país ou sociedade da forma mais justa e inclusiva possível, o referido direito adquirirá lógica e, em sua trajetória ascendente, um conjunto cada vez mais extenso de valores e de princípios de cunho humanitário e ético, abrangendo um número cada vez maior de vicissitudes e de demandas sociais por um acesso mais justo, igualitário, solidário e digno, à educação e às suas respectivas oportunidades. Em razão disso, é necessário assinalar que jamais poderá se considerar plenamente consagrado o estratégico e essencial direito à educação, sem que não se contemplem progressivamente, todas essas novas dimensões axiológicas e principiológicas que o referido direito adquire aos poucos. Isto nos impele a afirmar que o texto constitucional que de fato vise a consagrar o direito à educação em sua plenitude, deverá ser necessariamente flexível e adaptável às novas circunstâncias e contextos sociais e econômicos. Sem isso, jamais será uma constituição moderna e completa em termos de adequada consagração dos direitos sociais básicos, de forma a se integrar fielmente ao espírito e aos nortes valorativos das constituições da atualidade, o que já é admitido pela moderna doutrina constitucional.

Observando-se e reconhecendo-se essa realidade objetiva, é evidente que:

> *Se na fase da primeira geração os direitos fundamentais consistiam essencialmente no estabelecimento das garantias fundamentais da liberdade, a partir da segunda geração tais direitos passaram a compreender, além daquelas garantias, também os critérios objetivos de valores, bem como os princípios básicos que animam a lei maior, projetando-lhe a unidade e fazendo a congruência fundamental de suas regras.*[94]

---

[94] Cf. BONAVIDES, 2003, p. 568.

Tendo-se em vista a importância e a necessidade notavelmente acentuadas e crescentes revestidas pelo direito à educação, não restou aos constituintes e aos juristas e constitucionalistas que elaboraram e formularam a constituição brasileira de 1988 outro caminho a não ser o de oportuna e adequadamente contemplar e consagrar o referido direito social de uma forma como nunca uma constituição nacional houvera observado até então. Isto pode ser constatado pelo fato de que o texto constitucional conferiu todo um capítulo dedicado à educação e ao pleno exercício de seu direito, num feito sem precedentes no constitucionalismo brasileiro.

De fato, a Constituição Brasileira de 1988, no que diz respeito ao direito à educação foi a responsável e a principal motivadora, de outros consideráveis avanços e conquistas simultâneos e posteriores à mesma em matéria, vindo a se constituir em um verdadeiro divisor de águas para a moderna concepção do direito à educação como direito de todos e dever do Estado e da família em assegurar o seu efetivo e pleno exercício. A aprovação da última e mais moderna e completa Lei de Diretrizes e Bases da Educação Nacional – LDB, representada pela Lei n. 9.394/96 de 20 de dezembro de 1996, possibilitou fazer do Brasil um dos países com legislação educacional das mais adiantadas e completas do mundo.

Consequentemente, a Constituição de 1988, se constitui na mais clara prova de que constituintes brasileiros tiveram, à época de sua elaboração e formulação, consciência acerca da importância do direito à educação de forma a contemplá-lo de um modo tão especial e politicamente responsável, como nunca houvera acontecido antes, em toda a história constitucional nacional. Essa importância e singularidade que os constituintes brasileiros delegaram ao direito à educação, quando do processo de concretização da Constituição de 1988, podem ser comprovadas pela existência de 13 artigos que tratam diretamente da educação, sem contar as demais disposições constitucionais transitórias e finais, além de outras no decorrer do seu conteúdo, que se acham indiretamente relacionadas ao tema.

Essa relevância atribuída pela Constituição de 1988 ao direito à educação pode ser fortalecida nas ideias de José Cretella Júnior quando ele afirma que este:

> [...] é o primeiro dos direitos que o legislador constituinte enumera entre os direitos sociais, antepondo-o à saúde, capitulado em segundo lugar. Com efeito, saúde e educação caminham juntos. Sem grande campanha educacional, a defesa da educação é esforço inútil. A educação é dever do Estado (arts. 205 e 208), sendo o acesso ao ensino obrigatório e gratuito elevado à categoria de direito público subjetivo (art. 208, VII, § 1º), importando responsabilidade da autoridade competente o não-oferecimento do ensino obrigatório pelo poder público, ou sua oferta irregular (art. 208, VII, § 2º).[95]

Esse entendimento consubstanciado no texto da Constituição de 1988 referente ao direito à educação, encontra plena ressonância nas mais diversas correntes do pensamento jurídico e constitucional nacional, as quais, por sua vez, foram e são influenciadas de forma crescentemente acentuada, pelas academias de direito brasileira e mundial da atualidade. Essas academias estão cada vez mais se conscientizando acerca da necessidade de se dotar os textos constitucionais de uma adequada proteção instrumental, bem como, de garantias ao seu pleno efetivo exer-

---

[95] CRETELLA JÚNIOR, José. *Comentários à Constituição brasileira de 1988*. Rio de Janeiro: Forense Universitária, 1994, p. 879.

cício. Deste modo, é notado que a moderna teoria dos direitos fundamentais está influindo sempre mais e na forma como a moderna doutrina constitucional considera e entende as diversas manifestações e dimensões axiológicas, principiológicas, éticas e cívicas do direito à educação. Essas manifestações, progressivamente se acham consagradas nos textos constitucionais, quase sempre por meio de emendas e de reformas constitucionais, de forma a, efetivamente ampliar e estender o acesso ao direito à educação para um país em desenvolvimento, como é o caso do Brasil que necessita da democratização das oportunidades educacionais para fazer frente aos seus mais diversos contrastes e problemáticas de ordem econômica e social que obstaculam, fortemente, a plena observância dos direitos da cidadania em sua sociedade.

Como fortalecimento ao discutido, vale assinalar que:

> *A educação, direito de todos – direito 'social' subjetivo público, oponível ao Estado – e dever do Estado e da família, será promovida e incentivada com a colaboração da sociedade, visando ao pleno desenvolvimento da pessoa, seu preparo para o exercício da cidadania e sua qualificação para o trabalho (art. 205). A gratuidade do ensino público, em estabelecimentos oficiais, é um dos princípios informadores do ensino ministrado (art. 206, IV).*[96]

Considerando o discutido, neste momento é bom reafirmar o compromisso assumido pela Carta Constitucional de 1988, com a educação no Brasil, ao reconhecer e legitimar o direito à educação como direito universal e dever do poder estatal e

---

[96] CRETELLA JÚNIOR, op cit, p. 879.

do grupo familiar. A Constituição demonstrou o alto grau de consciência e de sensibilidade éticas e cívicas com que trata um direito social estratégico e fundamental – o direito à educação – para a garantia do exercício da plena cidadania no país. O exercício integral do direito à educação é multiplicador de bem-estar e desenvolvimento social e econômico para qualquer país e sociedade da era pós-moderna.

Vale lembrar que o Brasil é uma sociedade emergente e em franco desenvolvimento, necessitando, por conseguinte, de ampliar e de forma progressiva, o acesso as oportunidades educacionais, especialmente, às mais diversas camadas da população, de tal forma a admitir e a reconhecer no constitucionalismo brasileiro da atualidade, em sua plenitude, os direitos à obrigatoriedade e compulsoriedade do ensino público, justamente como forma de viabilizar a universalidade do direito à educação com vistas a sanar os principais entraves ao exercício amplo e irrestrito de cidadania social e econômica por parte de seus cidadãos.

De fato, para um país emergente e em desenvolvimento como o Brasil caracterizado por um quadro repleto de desigualdades e contrastes de ordem econômica e social, a necessidade de se ampliar, bem como de se democratizar o direito à educação, torna-se uma questão vital para se equacionar as diversas problemáticas que impedem ao cidadão brasileiro uma existência mais digna, justa e próspera. Indiscutivelmente, faz-se necessário que, neste momento, não somente se ampliem e se estendam as oportunidades educacionais, mas, sobretudo, que se criem as condições minimamente possíveis para a sua efetiva concretização. Tal expectativa deve ser necessariamente legitimado por todo e qualquer texto constitucional que pretender se autodefinir moderno, democrático e cidadão.

Finalmente, urge a superação de todos os principais problemas nacionais que tanto obstam a obtenção de um adequado grau de desenvolvimento material nacional, pressuposto básico esse, por sua vez, para que se proporcione aos cidadãos brasileiros as garantias constitucionais acerca do exercício pleno, amplo e irrestrito do estratégico direito à educação. Pelos seus caracteres tipificadores intrínsecos de universalidade, obrigatoriedade e gratuidade o direito à educação se constitui na mais poderosa arma em prol da viabilização da consagração efetiva dos demais direitos sociais a ele relacionados, em razão de sua notável relevância e condição *sine qua non* para que a justiça social e o desenvolvimento econômico autossustentados se estabeleçam definitivamente no país.

Concluímos o nosso raciocínio ressaltamos e sublinhamos que:

> *A educação deve ser prioridade de todos os governos, pois através dela as pessoas se aperfeiçoam e obtém elementos para serem mais úteis à coletividade. Dando-se bastante apoio à educação, muitos problemas desaparecerão, porque as pessoas estarão mais preparadas para a convivência, e haverá maior participação no estudo e na decisão dos assuntos de interesse comum. É necessário e justo que os recursos da sociedade sejam utilizados para estender a todos, de modo igual, o direito à educação.*[97]

---

[97] DALLARI, Dalmo de Abreu. *Direitos humanos e cidadania*. São Paulo: Moderna, 1998, p. 51.

# CONCLUSÃO

Considerando-se o estudo realizado havemos de afirmar que o direito à educação se constitui em um direito social de crucial relevância no que tange à garantia do pleno exercício da cidadania cívica, econômica, social e política de qualquer sociedade ou país contemporâneos, dentre os quais também o Brasil. Obtivemos um grande conjunto de provas a favor do fato de que não há sociedade avançada nem país adiantado sem que seus habitantes tenham atingido antes um elevado grau educacional sustentado o mesmo em um eficaz sistema educacional.

De fato, a necessidade e a importância crescentes da ampliação e da extensão do gozo do direito social à educação na nossa época, se constituem em uma realidade incontestável, cuja dimensão e abrangência intrínsecas se caracterizam por uma notável variedade de elementos, aspectos e características de ordem sociológica, antropológica, axiológica e jurídica. Podemos, a esse respeito, ressaltar que em razão da complexidade crescente das relações humanas, sociais e econômicas desse alvorecer do terceiro milênio, deparamo-nos com um quadro sócio-econômico mundial caracterizado por contrastes e desigualdades notórias, às quais somente serão efetiva e oportunamente resolvidas e equacionadas mediante reestruturação da concepção da educação e dos instrumentos legais e jurídicos que garantam o seu pleno e irrestrito exercício. Há a necessidade de se garantir a democratização das oportunidades educacionais para capacitar e habilitar os mais diversos segmentos e camadas sociais das sociedades pós-modernas contemporâneas de forma a estarem aptas a responderem com êxito aos novos desafios representados por um mercado de trabalho cada vez mais competitivo, dinâmico e especializado.

A realidade discutida nos estimula a afirmar que houve um notável crescimento da amplitude conceptual e doutrinária do que seja o direito social à educação, bem como das necessidades sociais de sua efetiva extensão e respectiva garantia aos seus correspondentes destinatários. Esse quadro, relativo ao direito social à educação, detectado no decorrer do estudo realizado reforçou a nossa convicção quanto à necessidade e urgência crescentes de se dotar o direito à educação de uma adequada proteção constitucional que proporcione a plena efetividade do exercício de seu direito a todos os cidadãos de uma determinada sociedade. O referido direito está fundamentado no princípio da dignidade da pessoa humana, pelo fato de se constituir em um direito que integra os pressupostos mínimos condizentes com uma convivência digna da pessoa humana em conformidade com a sua natureza intrínseca.

Uma outra afirmação gerada das discussões feitas no processo de estudo da matéria é que o direito à educação se constitui em direito social fundamental, a exemplo de outros direitos fundamentais do mesmo gênero, tais como o direito à saúde, ao trabalho e à moradia, e, por conseguinte, necessita de ser revestido de uma adequada proteção jurídica e instrumental de forma a possibilitar a efetividade e a plenitude de seu exercício efetivo a todas as camadas sociais de uma determinada sociedade a serem, pelo o mesmo, beneficiadas.

A necessidade de se dotar o direito social à educação de uma adequada instrumentalização e proteção jurídicas positivas, confirma a hipótese de que o referido direito se constitui, para além de um direito fundamentado no crucial princípio da dignidade da pessoa humana, conforme podemos verificar no decorrer do presente estudo. Em razão desse direito abranger as mais diversas dimensões dos direitos fundamentais entendidos em sua esfera histórica e sociológica, o direito à educação está presente tanto na 1ª, como na 2ª, 3ª e 4ª gerações dos direitos fundamentais por força de sua complexidade conceptuais, teleológicas e estruturais.

Uma outra hipótese proposta também foi justificada pelo estudo: o direito social à educação e sua respectiva necessidade de extensão do exercício do gozo de seu direito correspondente se constitui em um requisito cada vez mais urgente para que todo e qualquer cidadão das mais diversas nações e sociedades contemporâneas possa de fato atingir a cidadania plena tanto cívica, como política, econômica e social.

O direito social à educação em países de economia emergente ou em desenvolvimento, nas quais se inclui o Brasil, mais do que nunca, carece de ser amplo e efetivamente resguardado e consagrado, jurídica e institucionalmente falando.

O referencial enriquecido convida ao comprometimento com o enriquecimento da discussão da questão estudada de modo a provocar os acadêmicos, profissionais da área e a comunidade e sociedade como um todo, a lutarem pelo aperfeiçoamento e aprimoramento dos meios e instrumentos de proteção constitucional e extraconstitucional atualmente existentes dentro do contexto sistêmico, estrutural e instrumental do ordenamento jurídico positivo brasileiro atualmente em vigor.

É claro que, foi possível constatar no decorrer dos estudos e pesquisas que, ao concentrarmos as nossas atenções analíticas e indagacionais acerca do direito social à educação e suas respectivas legislação e aparato jurídico que o resguardam, como a Constituição Federal de 1988 e à LDB – Lei de Diretrizes e Bases da Educação Nacional n. 9.394/96, instrumentos legais e jurídicos do plano nacional, o direito social à educação e seu respectivo gozo tiveram sim notáveis avanços e conquistas nos planos técnico-legal e jurídico nacionais a exemplo de outros direitos fundamentais sociais. Entretanto, ainda necessitam de determinados ajustes e melhoramentos legais para que possa cumprir a sua nobre e vital missão civilizadora junto a todos os membros da heterogênea e complexa sociedade brasileira da atualidade. Meta essa que somente será alcançada, mediante a oportuna sensibilização e conscientização das comunidades acadêmica, científica e profissional brasileiras do direito, no sentido de ampliarem e de aperfeiçoarem progressivamente mais e melhor os meios e instrumentos legais de garantia e proteção jurídicas do estratégico e importante direito social à educação.

A pesquisa teórica realizada neste estudo gerou, como resultado, as bases necessárias para se poder afirmar que o direito social à educação se constitui efetivamente um direito social fundamental contemplado em todas as constituições dos estados democráticos de direito atualmente existentes. De fato, não é possível subsistir no mundo pós-moderno avançado, ou mais ainda, nenhuma nação que se quer definir como democrática pode fazê-lo, sem que os seus concidadãos tenham acesso amplo e irrestrito ao direito à educação.

A educação é condição de desenvolvimento, é condição de promoção sócio-cultural, política e econômica; é condição de democracia, desde que assentados em oportuno e adequado conjunto de dispositivos, de leis e de normas jurídicas que objetivamente o contemplam, o consagram e o asseguram em seus diversos planos de efetividade e formas de manifestação correspondentes.

De fato, faz-se urgente a necessidade de se democratizar a Escola e as oportunidades escolares às mais diversas camadas e segmentos da sociedade brasileira, para que se possa fazer frente, com êxito, aos mais diversos desafios surgidos na sociedade hodierna. As transformações da mais variada ordem; a eclosão da sociedade pós-industrial e moderna em nível global, dentre as quais se acha também o Brasil, nos conduziu a afirmar, como implicações de discussões realizadas no estudo, que a extensão e a ampliação do gozo do direito social à educação se constituem em dever de todos os órgãos e setores da sociedade civil organizada nacional da atualidade, com destaque às comunidades jurídica e política mais bem dotadas de meios e de poderes para tornarem a plena efetividade desse crucial direito social uma realidade concreta para a totalidade dos membros que compõem a dinâmica e complexa sociedade brasileira da nossa época.

A legislação e direito educacionais estão se constituindo progressivamente em mais um ramo do direito e das ciências jurídicas atuais em plena e constante ascensão, uma vez que estão acompanhando a gradual ampliação e extensão do estratégico e crucial direito social à educação em todos os continentes do planeta, principalmente nos países mais adiantados e em desenvolvimento, como o Brasil atual, cujo processo de instrumentalização e de proteção constitucional e extraconstitucional estão assumindo uma relevância e abrangência cada vez mais surpreendentes na atual era pós-moderna. Assim sendo, faz-se necessário que uma disciplina e um ramo das modernas ciências jurídicas, tanto em escala mundial como nacional, seja gradualmente mais considerado com a devida importância, tendo-se em vista não somente o grau consciente de conscientização acerca da necessidade de democratização das oportunidades educacionais, para se fazer frente aos mais diversos desafios próprios de uma época em constante e acelerada fase de transformação, mas também, do maior grau de consciência cívica e social, e do espírito de solidariedade humana que se acentua e consolida à medida que uma determinada nação ou sociedade atinge um maior grau de desenvolvimento humano e justiça e equilíbrio sociais. Ao mesmo tempo, pudemos constatar que diante das necessidades e demandas sociais e econômicas exigidas pela população brasileira atualmente onde impera a desigualdade, há necessidade de mais prosperidade e mais justiça social.

Ainda há muito o que ser feito para que se possa resolver a problemática e os mais diversos obstáculos que dificultam a obtenção de soluções autênticas que resolvam e equacionem a questão educacional no Brasil do século XXI. Essa realidade sócio-econômica subjacente relativa à educação no Brasil atual, é mais uma demonstração de que apesar das recentes conquistas e avanços em matéria educacional, ainda é pouco diante das carências e expectativas do povo brasileiro, como o aprimoramento da qualidade do ensino, por exemplo, a fim de que sejam efetivamente minimizadas as lacunas que ainda caracterizam a conjuntura educacional no Brasil. Junto com os profissionais da educação, os profissionais e acadêmicos da área jurídica muito terão a contribuir para essa crucial e estratégica possibilidade, vital para a garantia de um futuro melhor para as novas gerações de brasileiros.

Por fim, é obrigatório chamar atenção para que a legislação, como o correspondente direito educacional, precisam constar da grade curricular das faculdades brasileiras de direito, tendo-se em vista os supracitados motivos e razões que fazem do direito social à educação um direito fundamental cada vez mais relevante e urgente nos planos nacional e mundial. A necessidade de especialização e aprofundamento concentrados é notória e demandada, por se constituírem em tendência já objetiva e claramente assinalada pelos principais institutos nacionais e mundiais que estudam as questões e problemáticas educacionais relacionadas ao mercado de trabalho, à profissionalização e ao tipo de formação por ele exigida. Isto, por si só, provoca discussão sobre a possibilidade de uma reformulação na forma de conceber e de organizar o curso de direito em nível de ensino superior nas universidades e faculdades brasileiras da atualidade.

# REFERÊNCIAS BIBLIOGRÁFICAS

ARAÚJO, João E. das Neves. **Ensino público:** algumas ideias associadas ao direito à educação no Brasil. In: I° CONGRESSO INTERNACIONAL EM EDUCAÇÃO DA UFPI, n. 2, 1997. Programa de Mestrado em Educação. Teresina: EDUFPI, 1997.

BARROS, Roque Spencer Maciel de. **A ilustração brasileira e a ideia de universidade.** São Paulo: Convívio/EDUSP, 1986.

BASTOS, Celso Ribeiro. **Comentários à Constituição brasileira.** São Paulo: Saraiva, 1988.

BIANCHETTI, R. G. . **Modelo neoliberal e políticas educacionais.** São Paulo: Cortez, 2001.

BITTAR, Eduardo C. Bianca. **Curso de Filosofia do Direito.** 2ª ed. São Paulo: Atlas, 2002.

BOBBIO, Norberto. **A era dos direitos.** Rio de Janeiro: Campus, 1992.

BONAVIDES, Paulo. **História constitucional do Brasil.** 3ª ed. Rio de Janeiro: Paz e Terra, 1991.

_____. **Curso de Direito Constitucional.** 13ª ed. São Paulo: Malheiros, 2003.

CANOTILHO, José J. Gomes. **Direito constitucional.** 5ª ed. Coimbra: Almedina: Coimbra, 1992.

_____. **Constituição dirigente e vinculação do legislador:** contributo para a compreensão das normas constitucionais programáticas. Coimbra: Coimbra, 1994.

_____. **Direito constitucional e teoria da constituição.** 5ª ed. Coimbra: Livraria Almedina, 2002.

CANOTILHO, José J. Gomes; MOREIRA, Vital. **Constituição da República Portuguesa anotada.** Coimbra: Coimbra, 1993; (disponível na FDUC).

_____. **Fundamentos da Constituição.** Coimbra: Coimbra, 1991 (disponível na FDUC).

CARNEIRO, Moaci Alves. **LDB fácil**: leitura crítico-compreensiva: artigo a artigo. Petrópolis, RJ: Vozes, 1998.

CAVALIERI FILHO, Sergio. **Programa de sociologia jurídica** (você conhece?). Rio de Janeiro: Forense, 2003.

CHIOVENDA, Giuseppe. 'L'azione nel Sistema dei Diritti'. Saggi di Diritto Processuale Civile. Bolonha: Ditta Nicola Zanichelli, 1904.

CLEMENTINO, Marco B. Miranda. Algumas questões de direitos humanos. **Jus Navigandi**, Teresina, a.3, n. 35, out. 1999. Disponível em: http://www1.jus.com.br/doutrina/texto.asp?id=75. Acesso em: 18 out. 2004.

COORDENADORIA DE ENSINO DO INTERIOR – CEI. **Conhecendo São Paulo através da educação.** Disponível em: http://cei.edunet.sp.gov.br/páginas/estrutura/conhecendosp.htm. Acesso em: jul. 2004.

COSTA, Messias. **A educação nas Constituições do Brasil**: dados e direções. Rio de Janeiro: DP&A, 2002.

CRETELLA JÚNIOR, José. **Comentários à Constituição brasileira de 1988**. Rio de Janeiro: Forense Universitária, 1994.

CUNHA, Luiz Antônio. **Educação, Estado e democracia no Brasil.** Um modelo para a educação no século XXI. 4ª ed. Rio de Janeiro: José Olympio, 1999.

CURY, Carlos Roberto Jamil. A educação e a primeira constituinte republicana. Rio de Janeiro, Seminário: **A Relação Educação-Sociedade-Estado pela Mediação Jurídico-Constitucional**, 1992b, mímeo.

DAHRENDORF, Ralph. **O conflito social moderno**. São Paulo: EDUSP, 1992.

DALLARI, Dalmo de Abreu. **Direitos humanos e cidadania.** São Paulo: Moderna, 1998.

DALLA-ROSA, Luiz Vergílio. **Uma teoria do discurso constitucional**. São Paulo: Landy, 2002.

DEMO, Pedro. **A nova LDB/ranços e avanços.** Campinas, SP: Papirus, 1997.

DREIER, Ralf. **Derecho y justicia.** Monografías jurídicas. Santa Fé de Bogotá, Colombia: Temis, 1994.

FÁVERO, Osmar (org.). **A educação nas constituintes brasileiras 1823-1988.** Campinas, SP: Autores Associados, 1996.

FERREIRA, Tito Lívio. **História da educação luso-brasileira.** São Paulo: Saraiva, 1995.

FERREIRA FILHO, Manoel Gonçalves. **Curso de direito constitucional.** 26ª ed., atual. São Paulo: Saraiva, 1999.

_____. **Curso de direito constitucional.** 29ª ed. rev. e atual. São Paulo: Saraiva, 2002.

FILOMENO, José Geraldo Brito. **Manual de teoria geral do Estado e ciência política.** 4ª ed. Rio de Janeiro: Forense Universitária, 2001.

FONSECA, Fernando Adão da. Liberdade de educação ou Estado educador? O Rei vai nu!. **Revista Nova Cidadania**, Ano IV, Número 15, Lisboa, janeiro/março 2003. Disponível em: http://www.liberdade-educacao.org/docs/docs10.htm. Acesso em: 28 out. 2004.

FONSECA, Guilherme da. **Acórdão n 148/94 de 8 de fevereiro.** Disponível em: <http://www.dgep.pt/148-94.html>. Acesso em 10 nov. 2004.

FRANÇA, R. Limongi. **Manual de direito civil.** 4ª ed. São Paulo: Revista dos Tribunais, 1980. v.1, p. 330.

FREIRE, Antonio M. Peña. **La garantía en el Estado constitucional de derecho.** Madrid: Trotta, 1997.

FREIRE, Paulo. **Pedagogia da autonomia:** saberes necessários à prática educativa. São Paulo: Paz e Terra, 1996 (Coleção Leitura).

_____, **Pedagogia da indignação:** cartas pedagógicas e outros escritos. São Paulo: UNESP, 2000.

FREITAG, Bárbara. **Escola, Estado e sociedade**. São Paulo: Moraes, 1994. (Coleção Educação Universitária).

GARCIA, Emerson. **O direito à educação e suas perspectivas de efetividade.** 8 agosto 2004. Disponível em: <http://www.mundojurídico.adv.br>. Acesso em: 10 out. 2004.

GÓES, Maria Amélia Sampaio. O direito à educação de crianças e adolescentes, as políticas públicas e a dimensão pedagógica do Ministério Público. In: **Âmbito Jurídico**, ago/01. Disponível em: <http://www.ambito-juridico.com.br/aj/ecao014.htm>. Acesso em: jul. 2004.

GOUVEIA, Jorge Bacelar. **Direitos Fundamentais atípicos.** Lisboa: Editorial Notícias e Editorial Aequitas, 1995.

GUIA DA CIDADANIA. **Almanaque Abril 2001**. São Paulo: Abril, 2001.

HABERLE, Peter. **El Estado constitucional**. Universidad Nacional Autónoma de México. Trd. e Índices Héctor Fix-Fierro, Estudo Introdutório Diego Valádes, 2001.

HAGE, Jorge. **Omissão inconstitucional e direito subjetivo**. Brasília: Brasília Jurídica, 1999.

HAGOPIAN, Frances. The compromised consolidation: the political class in the Brazilian Transition. In: MAINWARING, Scott; O'DONNEL, Guillermo; VALENZUELA J. Samuel (org). **Issues in democratic consolidation:** the new south american democracies in comparative perspective. Notredame: University of Notredame Press, 1992.

HERKENHOFF, João Baptista. **Curso de direitos humanos**: gênese dos direitos humanos. São Paulo: Acadêmica, 1994.

_____. **Como funciona a cidadania**. 2ª ed. Manaus: Valer, 2001.

HILSDORF, Maria Lúcia S. **História da educação brasileira**: leituras. São Paulo: Pioneira Thomson Learning, 2003.

LEAL, Rogério Gesta. **Direitos humanos no Brasil**: desafios à democracia. Porto Alegre: EDUNISC/Livraria do Advogado, 1997.

LOEWENSTEIN, Karl. **Teoría de la constitución.** Barcelona: Ariel, 1979.

LUCENA, Hugo Pereira *et al.* **Direito à educação.** Dhnet. Disponível em: <http://www.dhnet.org.br/oficinas/dhparaiba/5/educacao.html>. Acesso em: 24 jul. 2004.

LUÑO, Antonio Enrique Perez. **Derechos humanos, estado de derecho y constitución.** Madrid: Tecnos, 1995.

_____. Derechos humanos y constitucionalismo en la actualidad. *In*_____ (Org.). **Derechos humanos y constitucionalismo ante el tercer milenio.** Madrid: Marcial Pons, 1996.

MADRUGA, Sidney Pessoa. **Direitos Fundamentais e os aspectos relativos as suas dimensões e interpretação.** Universidade Federal de Goiás, 2004. Disponível em: <http://www.prgo.mpf.gov.br/doutrina/SIDNEY%20-44.htm>. Acesso em: 16 set. 2004.

MIRANDA, Jorge. **Manual de direito constitucional**, vol. II, 2ª ed. Coimbra: Coimbra Editora, 1988.

MORAES, Alexandre de. **Direitos humanos fundamentais:** teoria geral, comentários aos arts. 1º a 5º da Constituição da República Federativa do Brasil, doutrina e jurisprudência. São Paulo: Atlas, 1998.

MOREIRA, Luiz. **Fundamentação do direito em Habermas.** Belo Horizonte: Mandamentos, 2002.

NADER, Paulo. **Filosofia do direito.** 5ª ed. Rio de Janeiro: Forense, 1996.

NOVAIS, Jorge Reis. **Contributo para uma teoria do Estado de Direito.** Do estado de direito liberal ao Estado social e democrático de direito. Coimbra, 1987.

OLIVEIRA, Marcus Vinicius Xavier de. Considerações em torno do princípio da dignidade da pessoa humana. **Jus Navegandi,** Teresina, a.6, n. 58, ago. 2002. Disponível em: <http://www1.jus.com.br/doutrina/texto.asp?id=3087>. Acesso em: 21 dez. 2004.

OLIVEIRA, Romualdo Portela de. **Gestão, financiamento e direito à educação:** análise da LDB e da Constituição Federal. São Paulo: Xama, 2001.

PILETTI, Nelson. **História da educação no Brasil.** São Paulo: Ática, 2003.

PIOVESAN, Flávia. **Direitos humanos e o direito constitucional.** São Paulo: Max Limonad, 2002.

REALE, Miguel. **Filosofia do direito.** 16ª ed. São Paulo: Saraiva, 1994.

REGO, Geovanna Patrícia. **A incorporação dos direitos humanos no direito constitucional brasileiro.** Disponível em: <http://www.dhnet.org.br/oficinas/dhparaiba/4/constituicao.html>. Acesso em: nov. 2004.

ROMANELLI, Otaíza de O. **História da educação no Brasil.** 1930-73. Petrópolis: Vozes, 1978.

SANTOS, Cleber Mesquita dos Santos. **Os direitos humanos, o Brasil e o desafio de um povo.** São Paulo: LTr, 1998.

SANTOS, Vanessa Flain dos. **Direitos fundamentais e direitos humanos.** Âmbito jurídico, fev/2002. Disponível em: <http://www.ambito-juridico.com.br/ai/dconst0051.htm>. Acesso em: 19 out. 2004.

SAVIANI, Dermeval. **A nova lei da educação:** trajetória, limites e perspectivas. 5ª ed. Campinas, SP: Autores Associados, 1999.

SILVA, José Afonso da. **Curso de direito constitucional positivo.** 11ª ed. São Paulo: Malheiros, 1995.

_____. **Curso de direito constitucional positivo.** 13ª ed. São Paulo: Malheiros, 1997.

_____. **Curso de direito constitucional positivo.** 20ª ed. São Paulo: Malheiros, 2002.

SOUZA, Paulo Nathanael P. de. **O direito educacional no ordenamento jurídico brasileiro.** Monografia. Reitoria, Universidade São Marcos. São Paulo, 1997.

TEIXEIRA, Alessandra Moraes. Uma visão hermenêutica comprometida com a cidadania e os Direitos Humanos: o início de um debate. In: **Âmbito jurídico.** mar/2001. Disponível em: <http://www.ambito-juridico.com.br/aj/out0004.htm>. Acesso em: nov. 2004.

VIEIRA, Evaldo A. **Estado e miséria social no Brasil**: de Getúlio a Geisel. 3ª ed. São Paulo: Cortez, 1987.

VIEIRA, S. L. Neo-liberalismo, privatização e educação no Brasil. *In*: OLIVEIRA, R. P. de (org.). **Políticas educacionais no Brasil** – impasses e alternativas. São Paulo: Cortez, 1998.